新版

若手法律家のための

法律相談入門

中村 真
Nakamura Makoto

[著]

学陽書房

JN054902

　「相談の現場でうろたえないために」として本書の初版を刊行した平成28年5月当時、面接技法や受任に向けた心得に関する書籍はいくつか見られたものの、法律相談に特化した実務書というものはほとんどありませんでした。

　法律相談は、相談者から事情を聴き取り、法的な問題点を抽出した上で、自分の法的知識・経験に基づいて専門家としての答えや解決方法を指し示す法律家としての実践です。ところが、長い間、この技量は実務経験によって自然に培われる（培われるべき）ものだと捉えられていたように思われました。初版を上梓したころの私には、「皆が時間を掛けて身につける法律相談の知識や経験を一冊の本にできないだろうか」という思いがあったのです。

　結果として、書名にある「若手法律家」だけでなく、非常に多くの方と法律相談に関する思いや苦労を共有させていただくことができました。「相談に臨む若手法律家を守れる一冊にしたい」との思いから、単なる相談技法・心得にとどまらず「依頼を断る方法」についても詳しく取り上げた点も、初版を手に取っていただく大きなきっかけとなったようです。

　もっとも、法律相談で頻繁に問われるのに、刑事事件・犯罪被害者対応に関する事項を初版の中で取り上げられなかったという点は、実際に読者の方から指摘をいただいたこともあり、私にとって長く心残りとなっていました。

　また、初版刊行後、世の中では、民事法（相続法、債権法）の改正があったほか、近年、新型コロナウイルス感染症によって裁判や法律事務も大きな変容を迫られることになりました。

　こうした世の中の動きや変化に合わせて、このたび新版という形で改訂の機会をいただけたのは、本当にありがたいことです。

新版では、まず先の相続法・債権法の改正に合わせたアップデートを行いました。法改正で重要性が失われた事項は削除する反面、「若手法律家が法律相談の場で最低限備えておくべき知識は何か」という見地から、相談において問題となりやすいトピック、時効等の期間制限について大幅な拡充を図り、併せて、リモートツールやメール、SNSなど重要性の増してきた新たな相談手法についても取り上げています。

　また、新たに一章を設け、刑事事件の法律相談特有の留意点についても取り上げています。そこでは、被疑者・被告人側からの相談だけではなく、犯罪被害者支援という観点からも、法律相談の対応の心得、留意点についてできる限り実践的な記載を心がけました。

　さらに、新たに「相談後にクレームを受けたら（第3章18 19）」「緊急の事件の断り方（第6章5 6）」といった事項も加え、巻末には検索性を高める「事項索引」も設けました。このように、大幅な改訂・加筆を行ったことから、タイトルも単なる「改訂版」ではなく「新版」とすることといたしました。

　この新版を手に取っていただくことで、法律家の皆さんには刑事事件も含めた各種の相談に対応する知識・心構えを身につけていただくことができ、より一層の自信を持って法律相談に臨むことができるようになりますし、依頼者・相談者に対しても質の高い助言を提供することができるようになるはずです。

　また、司法修習生、学生の諸君は、法律相談の概要をイメージしやすくなるだけでなく、講義や実務修習・エクスターンシップなどで実際に法律相談に触れる際に、相談の場でのやり取りの意味や実務家の思考過程を理解しやすくなるはずです。

　本書があなたの法律相談スキルの向上に役立つものと信じています。

　　令和4年9月

　　　　　　　　　　　　　　　　　　　弁護士　中村　真

凡　例

○法令等の内容は、令和4年4月1日現在のものによります。

○本文中、法令等および判例、参考資料を略記した箇所があります。次の「略記表」を参照してください。

略記表

＜略記＞	＜正式＞
○法令等	
弁護	弁護士法
職務基本規程	弁護士職務基本規程
報酬規程	弁護士の報酬に関する規程
司法	司法書士法
司倫	司法書士倫理
民	民法
民訴	民事訴訟法
民保	民事保全法
相税	相続税法
刑訴	刑事訴訟法
犯罪被害保護・犯罪被害者保護法	犯罪被害者等の権利利益の保護を図るための刑事手続に付随する措置に関する法律（平成12年法律第75号）
検審法	検察審査会法
借地借家	借地借家法
民訴規則	民事訴訟規則
○判例	
最判（決）	最高裁判所判決（決定）
高判（決）	高等裁判所判決（決定）
地判（決）	地方裁判所判決（決定）
大判（決）	大審院判決（決定）
○参考資料	
民集	最高裁判所民事判例集
判時	判例時報
判タ	判例タイムズ
大民集	大審院民事判例集
大刑集	大審院刑事判例集
酒井『時効』	酒井廣幸『続　時効の管理〔新版〕』（新日本法規、2010）
高中『概説』	高中正彦『弁護士法概説〔第5版〕』（三省堂、2020）
日弁連『解説職務基本規程』	日本弁護士連合会弁護士倫理委員会編著『解説「弁護士職務基本規程」〔第3版〕』（2017）

もくじ

新版　若手法律家のための法律相談入門

第1章　法律相談の前に知っておきたいこと　11

法律相談の前に知っておきたいこと

　「法律相談にどのように取り組むべきか」を考えるには、まず、法律相談の持つ意味を正しく理解しておかなければなりません。

　まずは、法律相談に至る経緯やそこで求められているものを正しく知ることで、あなたに「法律相談のイメージ」を持って頂きます。

1 相談者があなたに求めていること

　法律相談は法律家としての助言というサービスを提供する場ですから、我々はそのニーズを正しく理解しておく必要があります。では法律相談は相談者にとってどんな意味があるのでしょうか。

❶ 「問題解決の糸口」としての意味

　まず**「自分の抱えている問題を解決する糸口を得る場」**という重要な意味があります。

　相談者は、ただ漠然と「専門家に相談して今の状況を打開したい」と考えていることがほとんどで、自分で法的な問題点を正しく意識できているというのはかなりレアなケースです。ですから、あなたは相談者が表面的に感じ訴えていることだけに目を向けるのではなく、その話す内容を手掛かりに、**専門家の目で問題の本質をえぐり出し、それに見合った解決方法を提示する必要があるのです。**

　よくあるケースですが、「交通事故の加害者に車の修理費用を払ってもらいたい」という相談を受けたとしましょう。

　あなたは、相談者が口にした「相手への賠償請求」の当否を、事故状況や相手の過失の有無・程度、損害の内容と因果関係、法律構成、回収の具体的方法といった観点から検討することになるはずです。

　ですが、デキるあなたとしては、さらに相談者側の過失の有無・程度や相手からの反対請求のおそれ、その対応策まで念頭に置いておかなければなりません。**訊かれたことに答えるだけではダメ**なのです。

　また、「問題の解決」は必ずしも法的手続や弁護士等による交渉のみで達成されるものとは限りません。場合によっては、相談者が考えていたのと全く逆の方法をとること、自分の主張が困難であると理解

してもらうことが良い結果につながるケースもあり得るのです。

　このように、相談者の考えの二歩、三歩先（あるいは一歩後ろ）を読めるかどうかで、法律相談の成果、特に相談者の受け止め方やあなたへの評価は大きく違ってくるように思います。

❷ 「相談できる専門家を得る場」としての意味

　身近に弁護士や司法書士がいない相談者にとって、法律相談は**「相談できる法律の専門家を得る場」**としての意味があります。

　例えば歯医者さんを選ぶとき、家から一番近いところに行きますか？　いろいろな人に聞いて評判のいいところを探そうとするでしょう。

　歯は抜歯や差し歯という方法もありますが、法的問題では正に抜き差しならないという状況があり得ますから、誰でもできるだけスキルの高い良心的な専門家に問題の処理を依頼したいと考えるのです。

　インターネットに溢れる自画自賛の広告だけでは、「本当に腕の確かな専門家かどうか」を見極めることは難しいので、相談者が「実際に会って相談してみたときの印象の良し悪し」やフィーリングで依頼するかどうかを判断するというのは、ごく自然なことです。

　相談者は、法律相談で当たったあなたが高圧的でなく、自分の感じた疑問にもわかりやすく助言・回答してくれたならば、次に問題が起こったときにもきっとあなたのことを思い出してくれるでしょう。

2 法律相談が あなたにもたらすこと

　では、我々相談を受ける法律家の側にとっては、法律相談はどういう意味を持っているのでしょうか。

❶ 事件受任のきっかけ

　法律相談はあなたにとっては、**事件を受任するきっかけ**であるという重要な意味を持っています。

　相談者にとっては、時間と手間をかけて法律事務所や相談所に出かけていって自分の事件を依頼するというのは、ある意味大儀なことです。ですから、相談の結果、どうやら専門家の力を借りる必要がありそうだとなったときには、よほど印象が悪かったのでない限り、目の前のあなたに事件を依頼してしまいたいと考えるはずです。

　法律家の側も、問題を抱えた依頼者がいなければ仕事が始まらないわけですから、このような事件受任の機会は大切にしたいものです。

❷ あなたという「紛争解決のツール」を知ってもらう機会

　初めて会う相談者との関係では、法律相談は、あなたという「紛争解決のツール」を知ってもらう絶好の機会です。

　これは、先に述べた、法律相談が相談者にとって「相談できる専門家」を得る場であるということと、ちょうど表裏の関係にあります。

　相談の結果、事件の受任に至らなかったとしても、相談者に良い印象を与えることができたならば、将来また何か対処が必要な問題が起こったときに、きっとあなたのことを思い出してくれます。

❸ 法律家としての研鑽の場

　法律相談で尋ねられる問題は、必ずしも簡単に回答や解決ができる

ものばかりではありません。

　知識や実務経験が乏しい若手の中に、法律相談を敬遠しがちな人が多い理由もここにあるのですが、**どれだけ回数と経験を重ねても、法律相談の場で知らないことを尋ねられるということはなくならない**のです。

　紛争の内容やそれに対する人の考え方、反応は実にさまざまですし、また、厄介なことに、法律や制度というものは絶えず改正や変更が繰り返されるものです。

　少し前向きな話をしてみましょう。

　法律相談で未知の紛争や問題意識に触れ、それに対する解決方法の模索・検討を必死に繰り返すことによって弁護士や司法書士が得られるものの大きさは、計り知れません。

　特に強調しておきたいのは、法律相談を多くこなすことで「紛争の起こり方」という、法律家にとって極めて重要な知識を身につけることができるという点です。**いつ、どのような場合にどのような問題、人と人との軋轢、主張の対立が生まれるのか**を知ることは、紛争を未然に予防したり、問題を回避したりする上でも非常に強力な武器となるのです。

　このような「負の経験則」ともいうべきものの積み重ねが、きっとあなたに法律家としての幅と奥行きを与えてくれるはずです。

3 法律相談＝虎穴 であると心得よ

　ここまで読まれたあなたは、法律相談がもたらすメリットの大きさに圧倒されているでしょう。ですが、世の中そうそう都合の良いことばかりではありません。

　専門家として誰かにアドバイスするということは、その**助言の内容について後々まで責任を持たなければならなくなる**ということです。

　安易な見通しや重要な問題点の見落としは、ときに相談者に重大な不利益を及ぼし、窮地に追いやることにもつながりかねません。その結果、助言を行ったあなたがその責任を問われる場合もあるのです。

❶ 安易で断定的なアドバイスがトラブルに

　とりわけ、法律相談でこの問題を難しくさせているのは、**聴取の時間とそこで得られる情報がどうしても限られてしまう**という点です。

　例えば、「賃貸している建物が老朽化してきて危ないので取り壊したいのだが、今、住んでいる人とどう明渡し交渉をしたらよいか」という相談を受けたとしましょう。

　賃貸借契約の内容や賃借人の利用の実態などを聴取した上で、退去交渉の注意点や交渉材料、調停申立等、考えられる法的手続の説明を行うことまでは誰でも思い浮かぶかもしれません。

　けれど「居住者と無事合意ができ、建物を退去してもらったら、建物を取り壊しても問題ありませんよ」と簡単に言ってしまってもよいものでしょうか。ここで何か心に引っかかるものがあるはずです。

　仮にその建物に誰かの抵当権が設定されていた場合はどうでしょうか。また、相談者と居住者の間に他の人が転貸人として入っていた（居住者が実は転借人だった）という場合はどうでしょうか。

　どちらの場合も、もう少し緻密な分析や考慮が必要になりそうです。

法律相談では相談者自身が話したことや持参した資料だけでは容易に現れてこない事情が必ずあり、**安易かつ断定的なアドバイスが思わぬトラブルに発展することも多いのです。**

❷ 解決方法は問題解決になっている？

例で挙げたような二つの可能性は、法律の専門家として相談を受ける者であれば、ある程度想定しておかなければならない問題でしょう。

程度問題、ケースバイケースですが、**訊かれたことだけに答えるだけでは済まない**のが、法律相談の難しいところです。

といっても時間的制約がある中で何もかもを聴き尽くすというのはどだい無理な話です。ですから、最低限、**あなたが助言する解決方法によって逆に問題が生じたり不利益を被ったりする人がいないかを考え、それに引っかかるような事情がないかという見地からポイントを絞って確認していく**と良いでしょう。もちろんそのためには、自分のアドバイスの意味やそこから生じる事態をあなた自身がきちんと理解しておく必要があります。

担保権の設定が債務不履行につながってしまったり、弁済や物の所有者への返還が詐害・偏頗行為と評価されてしまったりと、それ自体を見れば何の問題もなさそうな行為が問題となることもあり得ます。

決して「その場限りの割り切った関係」などと軽く考えることがないようにしたいものですね。

4 多様な「法律相談のチャネル」の作り方

❶ チャネルの重要性

「恋人が欲しいけれど、生活の中で出会いがない」と嘆く人がたまにいます。「出会いさえあれば絶対に上手くいくのに」と言わんばかりのその自信の出どころはさておき、まず相手が現れないと物事が始まらないというのはもっともな話です。

法律相談でも同じことが言えるのです。事務所にぼーっと座っているだけで相談者がやってきてくれるということは、普通ありません。

では、法律相談の出会い（チャネル）はどのように作ればよいのでしょうか。「弁護士会や司法書士会の法律相談の担当者として登録しておく」という受け身な方法以外の手立てを考えてみましょう。

❷ いろいろなチャネルの作り方

問題を抱えた人は、自分の知り合いにいい弁護士や司法書士がいるのであれば、わざわざ他の専門家を探して相談しようとは思わないものです。それだけ、「法律の専門家に飛び込みで相談をする」というのは思い切りがいるし、またメンドクサイことなのです。

弁護士会や司法書士会が広報で「身近」「気軽」「頼れる」と躍起になってアピールしていることからもわかるように、一般人にとってみれば我々は堅苦しく、とっつきにくく、縁遠いもののようです。

また大なり小なりシビアな問題を共有してもらおうとすると、やはり少しでも「顔の見えている人」の方が安心です。

ですから、あなたがまだ無名で実績がないにもかかわらず、**手っ取り早く相談のチャネルを作りたいのであれば、まずはあなたを知っている人を増やすことに注力するべき**でしょう。

ベタですが異業種交流会に顔を出すのもいいでしょう。同窓会でも何かの勉強会でも、商工会・業界団体主催の交流会でも構いません。とにかく、あなたという存在を知ってもらう必要があります。

また、「とりあえずウェブで検索する時代」ですから、**ウェブでのマーケティング**も視野に入れておく必要があります（ウェブサイト上に顔写真があるかどうかはとっつきやすさにある程度影響します）。ただし、ウェブでの広告は誰でもできる反面、一定の成果を得るにはそれなりの手間とコストがかかるので、それに見合ったリターンが得られているかどうかは、常に検証し続ける必要があります。

もう一つ重要なのは、訴訟であれ簡単な調査・交渉であれ、**任された仕事は誠実にきちんとこなす**ということです。あなたの処理や対応が満足のいくものであれば、依頼者は次のときもあなたに頼みたいと思うでしょうし、周りに困っている人がいたら紹介してあげたいと思うはずです（逆もまた真なり、です）。口コミは受任の契機として無視できません。

あなたのファンが増えればそれだけ相談や受任の機会が増えますから、これは**遠回りなようで一番確実なチャネル**だといえます。

所属する単位会の公的な行事や委員会・公益的活動に参加して、業界内で顔を売っておくというのも一つの方法です。あなたが一定の業務分野に長けていたり、仕事ぶりが秀でていれば、同業者からも事件の紹介や共同受任の打診があるかもしれません。

こう言うと身もふたもないが、実はチャネルは作るものではなくできていくものである。

ああああ関西でも有数の商業地のど真ん中でええええ

激しくこけて大量の名刺をばらまいてしまったぁぁぁぁ。

多少あざとくてもよい

5 法律相談に役立つ資格

　法律相談では実にさまざまなことを尋ねられます。つい「どうだっ
たっけ？　そんな細かいところまで知らないぞ」と焦る場面もしばし
ば。そうした知識の穴を埋める「法律相談に役立つ資格」を紹介しま
しょう。

❶ 法律家と他資格取得のメリット

　法律家として仕事をする上で、他資格を保有していると知識や仕事
の幅が広がり、その業種での人とのつながりも増えるなど、何かと嬉
しい効果が期待できそうです。あなたの周りの法律家はどんな資格を
取得しているのでしょうか。公認会計士や税理士、社会保険労務士、
不動産鑑定士、中小企業診断士、土地家屋調査士、宅地建物取引士な
ど、世の中には本当にたくさんの資格があります。

　もっとも、こうした難関資格を取得し、それを名刺やウェブサイト
に記載したとしても、「○○士」という名前が仕事をしてくれるわけ
ではありません。業務の幅が瞬時に大きく広がるわけでもなく、獲っ
た資格を活用するにはそれなりの地道な努力の積み重ねが必要です。

　これは、隣接士業あるいは隣接法律資格とはいいつつも、そうした
資格・業種が対象とする法領域が弁護士や司法書士が普段取り扱うも
のと大きく異なっていたり、専門家としての業務の仕方が法律家のそ
れとは大きく異なっていたりすることによります。

　一例を挙げると、弁護士は税理士試験に合格しなくても税理士登録
をすることができ、実際に（それほど割合的に多くはないものの）弁
護士資格で税理士登録している実務家もいます。ところが、そうした
税理士登録弁護士が試験に受かって登録した税理士のように申告業務
を熱心に行っているかというと普通、そうではありません。申告業務

を収益の柱とするには、税法の広い知識と毎年の税制改正を追いかける気力、相応のマンパワーが必要で、弁護士本来の業務や事務所運営の形態との乖離がいよいよ大きくなってくるからです。

要するに、一人で複数のライセンスを持っていたとしても、シナジー（相乗効果）を築きにくいことも多いということです。例えば税理士登録している弁護士の多くは、税務争訟案件という弁護士業務に軸足を置いた活動をしている人が多く、また法律会計事務所と銘打っている事務所でも、税理士登録弁護士の他にプロパーの公認会計士や税理士を置いていることが少なくありません。

また、**たいていの資格は、活動する上で登録料や業界団体への入会金、会費、更新研修受講料など資格維持に一定のコストがかかります。**

いくら知識が増えるとはいえ、法律相談という法律家の基礎的なスキル向上の目的でこうした難関資格の取得を目指すのは効率が良いとはいえず、むしろ苦行に近いストイックさを感じます。

実は法律家としての業務拡大を狙うのであれば、他資格者との連携を強化して、業務を融通し合うという複数名でのシナジーを目指した方が良いという指摘も根強いところです。

すなわち、何でも自分でするのではなく、**法律家としてのチャネルの多様化を図る**ことを目指すという視点ですが、これはあなたが資格を取得しなくてもできることです。

かくいう私自身は、それでも法律家の他資格取得には、自己研鑽や自己実現、自己陶酔という大きな意義があると考えているのですが、他資格取得にこだわりすぎない姿勢が大切です。

❷ 法律相談に役立つ資格とは？

とはいえ、それほどの難関資格ではなく、かつ法律相談、普段の法律事務を問わず大いに役立てられる資格というものが実はあるのです。それが、**3級ファイナンシャル・プランニング技能検定（FP3級）**です。とはいっても、法律家にファイナンシャル・プランニング業務を勧めるものではありません。ここは少し説明が必要でしょうか。

法律相談で尋ねられる内容は、民事、刑事、家事、少年、行政など、本当にさまざまです。質問されることの多いトピック、問題となりやすい知識というのはある程度類型化できるのですが（⇨ P.30資料❶参照）、これまであなたが法学部生、駆け出しの法律家として学び、身につけてきたそうした法的知識は重要ではあるものの基礎的なものです。そうした基礎的な知識を仮に「大通り」だとすると、その「脇道」に少し逸れたところにある細かい知識というものも存在します。そして、それらへの関心はどうしても経験の浅い頃は手薄になりがちです。この「脇道」的な知識は、例えば、どういったものがあるでしょうか。

- ・よくいわれる「ザイケイ（財形）」ってどういう制度？
- ・日本学生支援機構の奨学金の「一種」「二種」って何？
- ・「社会保険」「労働保険」って具体的に説明できる？
- ・健康保険の「傷病手当金」「標準報酬月額」って何？
- ・保険金に課税されるのはどのような場合？　どんな税目？
- ・「MRF」「MMF」って要するに何？
- ・贈与税の基礎控除110万円は贈与者単位？　受贈者単位？
- ・「実勢価格」「公示価格」「路線価」「固定資産評価額」の違いは？
- ・譲渡所得の所有期間はいつからいつまででカウントする？
- ・「2項道路」「セットバック」「接道義務」って何？
- ・マンション建築時の「等価交換方式」って何？
- ・贈与税で物納・延納は認められる？　相続税では？
- ・よく聞く「小規模宅地等の特例」って何のこと？

　これらは、社労士や税理士、建築士などそれぞれの分野の専門職であれば当たり前に備えている知識であり、また、我々法律家の仕事でも交通事故や破産、相続、建築紛争などの法律相談、案件処理の中で話題に上る頻度も高いものです。
　もっとも、こうした脇道的な知識は基本となる法律知識からさらに一歩ないし半歩、「実務」に踏み込んだところに位置するため、実際に問題になるまでは立ち止まって考える機会があまりありません。ま

た、どれも**断片的**で、実務経験の積み重ねだけで自然に身につけようとすると、相応の時間がかかってしまい、ある意味非効率です。

ところが、こうした断片的でありながら法律家にとって重要な知識は、全て FP 3 級の試験の中で頻出論点として問われるため、FP 3 級の試験勉強を一通りこなす過程でこうした知識を無理なく身につけることができ、**法律相談の対応スキルの厚みを増すことができる**のです。FP 3 級技能検定は「お金に関する幅広いアドバイスをする専門家」の初級試験というところに本来の趣旨があるのですが、期せずしてまさに若手法律家のために用意されたオプションセット、アップデートプログラムのような内容になっているのです。これは実にラッキーでハッピーです。

試験は（日本 FP 協会と一般社団法人　金融財政事情研究会がそれぞれ行っていますが）年 3 回行われ、その形式は午前の学科試験（○×式・択一式 60 問）、午後の実技試験（3 級はマークシート式）で、それぞれ 6 割以上の正答で合格できる絶対評価の試験です。このため、基本的に国家資格でありながら、合格率がおおよそ 70 〜 80％と比較的難易度が低く、しっかりと勉強することでほぼ合格することができます。是非受けましょう。

もっとも、2 級以上となると難易度はそれなりに上がりますから、法律相談スキルの向上手段という意味では、現実味が薄くなります。ここは、さらなる研鑽を目指す場合に考える感覚でよいでしょう。

6 その相談はどこから来たか

　どういう経路をたどって来た相談かによって、相談を受ける側の取るべき対応や心構えも異なります。

❶ 既に面識がある人からの相談

　顧問先や過去の依頼者などからの相談の場合です。お互いに相手の人柄がわかっている他、相談者があなたの仕事ぶりや能力に一定程度の信頼を置いているからこその相談だと思われますので、比較的心理的なプレッシャーはなく相談に入ることができるはずです。

　このようなケースでは、既に築き上げた信頼関係をもとに、電話等での最初の連絡があった時点で、相談者から問題の概要を聴取したり、関係する資料の写しの提供を受けたりするなどして、相談に入る前にできる限り事前の準備を行うべきです（⇨第2章❶参照）。

❷ 面識がない人からの相談

⑴　紹介者がある場合

　知人や以前の依頼者、同業者などからの紹介で相談を受ける場合です。このとき、相談者がまともであれば、**「紹介者に迷惑がかかってはいけない」という心理が働く**ので、あなたとの間で相談の際に大きく揉めるというおそれは低いはずです（何ごとにも例外はあります）。

　この場合も、相談をより充実したものとするため、紹介者を通じて、できるだけ事前に情報と資料を得ておくのが望ましいでしょう。

　ただし、紹介者がいる場合で気をつけないといけない点が二つほどあります。一つはこの相談が「非弁護士・非司法書士との提携」（職務基本規程11条、司倫14条）に当たる場合でないかという点です。

　近頃は怪しげな業者等から、「毎月一定程度の依頼者を紹介できる」

といった不審な営業電話がかかってくるということも耳にします。しかし、キックバックを要求する不当な提携勧誘の場合があり、これが原因で懲戒に至るケースも多いのです。目先の利益に目がくらんで話に乗ってしまうと、そのようなまともでない業者に、あなたの弱みを握らせてしまうという大きなリスクを生むことになります。

　もう一つは、**紹介者の位置付けについて、相談者自身にきちんと確認をしておくということです**。紹介者は、相談者の問題の概要を聞かされて知っている場合もあれば、単に知り合いの専門家を紹介してもらう橋渡しを頼まれているだけの場合もあり、異なった対応が必要となるからです（⇨第3章**9**参照）。

(2)　紹介者がない場合

　弁護士会や司法書士会、自治体などでの法律相談、ウェブサイト・広告などを見た方からのいわゆる「飛び込みの相談」を指します。

　事前に相談の概要を把握することが難しい場合が多く、相談に入る時点でわかっているのは、「交通事故」「不動産」「人間関係」といった概括的な情報だけということも珍しくありません。また、相談者がどんな人かという情報はないことの方が多いでしょう。

　この場合は、面談の際に、詳しく紛争の内容を聞きつつ、その口ぶり、論の運び方などから、相談者のキャラクターや考え方も読み取っていく必要があります（⇨第2章**2**参照）。

7 あなたの法律相談のレベルいくつ?

❶ ちょっと堅苦しい話から

　弁護士法2条で、「弁護士は、常に、深い教養の保持と高い品性の陶やに努め、法令及び法律事務に精通しなければならない。」と定められています。司法書士法2条でも、「常に品位を保持し、業務に関する法令及び実務に精通」すべきことが定められています。

　そして、ほとんどの法律家は、日々研鑽を積み、さらなる高みを目指しているのです（もしかして私だけでしょうか）。

　とはいえ、相談の場に上る問題は、法律家としての初歩的・基本的な知識だけで簡単に答えられるものから、複雑怪奇で容易に解決の方向性や手がかりが見つけられないものまで、本当にさまざまです。

　法律の専門家といっても、どのような問題にも常に完璧に答えられるだけの知識と経験を身につけておくことまでは要求されていません。そんなことはおよそ現実的ではないのです。ファンタジーです。

　とはいっても、「連帯保証」と「保証連帯」の違いがわからないだとか、「先取特権」が正しく読めないだとかいうことでは少々心許ないところです。やはり、**法律相談を受けるにはある一定のレベルには到達しておかなければなりません**。

❷ 「助言のレベル」を分析的に見てみよう

　ではこの「到達しておくべきある一定のレベル」とは、具体的にはどの程度のものなのでしょうか。

　ここで、法律家が相談者に行う助言の内容のレベルを分析的に見ると、概ね以下のように分けられます。

　Lv. 1　関係する**法令・制度**等が正しく指摘できる

Lv. 2　解決の**方向性・手続の流れ**が正しく指摘できる

Lv. 3　期待できる**有利な結果**の内容を正しく指摘できる

Lv. 4　**勝率**を根拠と共に正しく指摘できる

　例えば、被害者側の交通事故の相談であれば、Lv. 1　自賠責保険・任意保険や自動車損害賠償補償（自賠）法・保険法上の諸制度、一般的な損害算定ルール等が説明でき、Lv. 2　問題解決の方法として、示談交渉や調停、訴訟、ＡＤＲ等の手続や終了までのおおよその時間が説明でき、Lv. 3　説明された事故類型を基に認容されうる損害額、過失割合の想定を説明でき、Lv. 4　存在する事実と証拠から Lv. 3 で想定した結果が得られる可能性を説得的に説明できるというのが、もっとも理想的な助言となります（ただし、どのレベルも指摘自体が正確であることが大前提です）。

❸ どこまでのレベルを満たしておくべきか

　国家試験の勉強で我々が得る（得た）知識の大半は、Lv. 1 かせいぜい Lv. 2 までのものでしかありません。

　そして、真の法律家になるためには、Lv. 2 までの知識を維持しつつ、さらに努力と経験によって Lv. 3、Lv. 4 の知識・経験を上積みしていく必要があるのです。

　また、相談者も自分の持ち込んだ問題がシビアであればあるほど、Lv. 4 までを満たす形での助言を期待するものです（Lv. 2 までの助言だけで解決する相談も稀にあるのですが、そもそもその程度の知識はインターネットで簡単に手に入る時代です）。

　もし、私達の助言が Lv. 2 止まりのものであったならば、相談者は自分の抱えている問題をどのように処理したらいいのかを判断することができません。不安で満たされた相談者の心に、新たにあなたへの不信感が芽生える瞬間です。

　ということで「**問題の解決**」を意識するのであれば、やはり **Lv. 4 までの助言を行えるよう目指したい**ところです。

正直、Lv・3までは実務書やeラーニング等の集中的な独学でなんとかなる。

❹ 延長相談のススメ

　とはいえ、事前の情報も与えられた時間も限られている法律相談で、全ての種類の相談について、その場でLv.4までの助言を行うというのが現実的でないことは既述のとおりです。

　ではどうすればよいか。法律相談の場で結論が出せないのであれば、その旨を相談者に断って**とりあえずその場は可能な範囲までの助言、回答に留め、事務所に帰ってから調べて、すぐ後で補えば良い**のです。

　文献を調べ、判例集を当たり、経験豊富な他の専門家の意見を聞くなどした上で、速やかに相談者に連絡を取ってフォローするのです。

　よくわからないまま、その場を取り繕うために憶測や不正確な情報を伝えて司法界に混乱を増やすよりも、少し時間がかかってでも正確で解決につながる助言をする方が相談者の利益にも適います。あなたに対する信頼も増すことになるというものです（⇨第3章⓬参照）。

　このような対応を取れることが、法律相談で「到達しておくべきある一定レベル」に達するということではないかと私は思います。

　相談を受ける側は、法律実務家としての気負いからか、（ときに相談者以上に）相談の場での整った回答にこだわりがちですが、相談者の利益と問題の解決という視点から考える必要がありそうです。

❺ 法律相談の準備

　そうはいっても事前に情報を十分に得られないまま相談に臨むというのはやはり不安なものです。何か、普段から心掛けておくことでこの不安を和らげる良い方法はないものでしょうか。

　どのような形で受ける法律相談かにもよりますが、交通事故、相続と遺言、離婚と財産分与・慰謝料・養育費、お金・不動産の貸借、近隣との境界・騒音トラブル、債務の整理など、「聞かれることの多い問題の類型」というのは確実に存在します（⇨ P.30 資料❶参照）。ロースクールのエクスターンシップや修習、見習い中に同席した法律相談を思い出して下さい。

まずはそのような問題類型に絞って、知識と経験を身につけるよう、意識的に努力してみると良いでしょう。

　その点、研究者の書いた基本書は理論的な理解を掘り下げるには不可欠ですが、実務感覚を身につけるには、やはり過去の裁判例・運用例を集約した実務書が適しています（どの分野にもたいてい良書といわれるものがあります）。それらを概観することで、よく出てくる論点や解決の方向性についてはある程度押さえることができるはずです（私がよくやるのは、実務書の目次を時間をかけて読み、その中で心に引っかかった部分を重点的に確認していくというやり方です）。**超重要とされる裁判例の概要を押さえる**だけでも、法律相談への不安感や苦手意識はかなり薄れるはずです。

　また、可能であれば先輩やボスに頼んで法律相談の場に同席させてもらったり、過去の解決事案の事件記録を見せてもらったりするのも良いでしょう。そうして生の事件に触れることで、実際の紛争での論点の現れ方や、解決のノウハウを得ることができるのです。

　そして、耳なじみのない用語が出てきたら、絶対にそのままにせず、最低限その言葉の正式名称と表記・意味だけでも間を置かずに調べておきます。「ギントリ」「キンショウ」「キョウタン」など、よくわからない略語も調べてみれば何のことはありません。

　これらを繰り返し行うことで、あなたの法律相談の処理レベルは確実に上がっていきます。

よく聞かれる法律相談のトピックあれこれ

(1 　金銭貸借)

・「金銭授受」と「返還約束」の立証が必要。「金銭授受」は借用証等の授受を示す文書、領収証、払込取扱票、振込を示す口座履歴等で立証が可能。「現金手渡しで領収証が無い」という場合は自分の口座からの出金等貸付原資の支弁の事実を証明することで立証できる場合がある。「返還約束」は借用証、返済を示す金銭移動の口座履歴等を用いる。「贈与の合理的理由がない」ことも返還約束の存在を推認させる。

・債権法改正により法定利率は3％で3年ごとに見直される「緩やかな変動制」となった（新民404条）。商事法定利率（6％。旧商法514条）は廃止された。

(2 　不動産賃貸借)

・借地契約は締結時期に注意（借地借家法施行の平成4〈1992〉年8月1日より前の場合、存続期間、更新期間等、旧借地法の定めが適用される事項が出てくる）。

・借地借家法は、「建物所有」を主たる目的としない土地賃貸借、「一時使用のための賃貸借」（借地借家25条）には適用がない。「一時使用のため」か否かは、賃貸借の目的、動機、その他諸般の事情から、契約を短期間内に限り存続させる趣旨のものであることが客観的に判断できる場合かどうかで判断される（最判昭和36年10月10日）。

・債権法改正により、民法上の賃貸借の存続期間は上限が50年（更新も上限50年）となったが（新民604条）、借地借家法が適用される普通賃貸借の場合、土地賃貸借の存続期間は30年以上（上限なし。借地借家3条）、建物賃貸借の存続期間は1年以上（上限なし、借地借家29条2項）である（なお、1年未満を定めたときは期間の定めのないものとみなされる。同29条1項）。

・期間の定めのない土地・建物の賃貸借では、「正当の事由」がない限り、賃貸人からの解約申入は認められない。期間の定めがある場合の賃貸人からの更新拒絶も同様である（借地借家6条、28条）。

・更新拒絶等の「正当の事由」（借地借家6条、28条）は、①賃貸人・賃借人が土地・建物の使用を必要とする事情、②賃貸借に関する従前の経過、③賃貸目的物の利用状況・現況、④明渡料の申出の内容等が考慮される。①が基本的要素、②〜④が補完的要素である。

・原賃貸人と原賃借人（転貸人）による原賃貸借の合意解除は、転借人に対抗できない（新民613条3項本文）。また、土地賃貸人と土地賃借人の合意解除は、特段の事情がない限り土地上建物の賃借人に対抗できない（最判昭和38年2月21日）。

・借地上に土地賃借人が所有する建物の賃貸は、土地賃貸人の承諾なく行っても土地の無断転貸には当たらない（大判昭和8年12月11日）。一方、借地上にある土地賃借人所有建物を譲渡した場合、特段の事情がない限り、土地賃借権も譲渡されたものとされ、土地所有者の承諾が必要となる（最判昭和47年3月9日）。

・事業用定期借地契約は公正証書で行う必要があるが（借地借家23条3項）、それ以外の定期借地契約及び定期借家契約の場合は書面であれば足り、公正証書で行う必要はない（同22条、38条1項）。

3 住宅関係

・公示価格は国土交通省が発表する毎年1月1日時点の土地1㎡当たりの更地価格であり、路線価は公示価格の80％相当を、固定資産評価額は公示価格の70％相当を目安に定められている。路線価は毎年、固定資産評価額は3年毎に評価替えが行われる。

・区分所有者の集会の議事は原則として区分所有者及び議決権の各過半数で決するが（建物の区分所有等に関する法律39条1項）、区分所有者の管理組合の規約を変更するためには、区分所有者及び議決権の各4分の3以上の多数による集会の決議が必要である（同31条1項）。建替え決議は更に要件が厳しく、区分所有者及び議決権の各5分の4以上の多数による決議が必要である（同62条1項）。

- いわゆる「2 項道路」は建築基準法 42 条 2 項によって定められた幅員 4 m未満の道路であり特定行政庁の指定を受けたものをいう。道路の中心線から 2 m両側に後退（セットバック）した線（道路の片側が崖地等の場合はそちらの道路端から 4m の線）が道路の境界線とみなされ、その範囲は私有地でも建物等を立てることができず、建ぺい率・容積率算定の基礎にも算入されない。
- 都市計画区域内の建築物の敷地は、幅員 4 m以上の道路に 2 m以上接している必要があるため（接道義務。建築基準法 43 条 1 項）、いわゆる旗竿地の進入路部分の幅が 2 mを下回っている場合、建築許可が得られず、建築物の新築や再築が認められなくなる。

4 倒 産

- 破産、民事再生、特別清算等の法的手続では、原則として全ての債権者を挙げなければならないが、任意整理（私的整理）、特定調停では一部の債権者のみを対象とすることができる。
- 免責不許可が明らかな場合、債務者自身が破産申立を行うメリットは失われる。破産法上の免責不許可事由があっても民事再生（個人再生）や任意整理は可能であるが、その内容が重大・悪質な場合、再生（弁済）計画案への債権者の同意を得ることが困難な場合がある。
- 租税等の請求権、夫婦間の協力・扶助義務に基づく請求権、婚姻費用分担請求権、養育費請求権や扶養義務に基づく請求権、悪意で加えた不法行為に基づく損害賠償請求権は非免責債権である（破産法 253 条 1 項 1 号、2 号、4 号）。租税等の請求権は、優先的破産債権部分のみ非免責債権となり、財団債権となる部分については破産手続終了後も破産者本人が責任を負うとするのが有力説である（田原睦夫・山本和彦監修『注釈破産法（下）』きんざい）。
- 「経営者保証に関するガイドライン」による債務整理では、主債務者の非保全弁済の額次第で、保証人は破産時の自由財産（99 万円相当）を超える資産や自宅を残すことができる場合がある。もっとも、保証人に多額の固有負債や税金の滞納がある場合は、ガイドラインに基づく債務整理手続をとる実益がないことが多い。

・独立行政法人労働者健康安全機構による未払賃金立替払制度は、一定の要件の下に退職前6ヶ月以後から2年の未払賃金（定期賃金のほか退職手当も含まれる。）の8割が立替払対象となる（解雇予告手当の未払部分は立替払いの対象とならない）。また、破産の場合には、請求する労働者の退職が裁判所への破産申立て日の6ヶ月前以後でなければならない。

(5 労 働)

・労働時間の把握は使用者の義務とされるが、未払残業代請求の際には、実労働時間の立証は労働者の側で行う必要がある。

・期間の定めのない労働契約の解雇には「合理的理由」が必要であり（労働契約法16条）、期間の定めのある労働契約での契約期間中の解雇には「やむを得ない事由」というさらに高度な事由が必要である（同17条1項）。

・試用期間中の解雇は、通常の解雇よりもハードルは下がるものの完全な自由ではなく、解雇のための合理的理由の存在が必要である。

・普通解雇の有効性が後に訴訟で争われた場合、使用者側は、解雇通告書に記載のない事由であっても、解雇当時存在していたものである限り、解雇理由として追加主張することができる（仙台地判昭和60年9月19日）。他方、懲戒処分（懲戒解雇）の場合は、懲戒当時に使用者が認識していなかった非違行為は、特段の事情がない限り、その存在をもって当該懲戒処分が有効であることの根拠として主張することはできない（最判平成8年9月26日）。また、不遡及や一事不再理、平等取扱いの原則も妥当する。

・整理解雇（経営上の必要性に基づく人員削減のための解雇）では、労働者に帰責性がないためそのハードルは高く、「合理的理由」（労働契約法16条）の具体的内容として、①人員削減の必要性、②解雇回避努力、③人選の合理性、④手続の相当性が必要である（整理解雇の4要素）。

・使用者が労働者を解雇しようとする場合、少なくとも30日前にその予告が必要であり（労働基準法20条1項）、予告期間が30日に足りない場合、平均賃金に「30日に足りない日数」を乗じた解雇予告手当を支払

わなければならない。この「平均賃金」は、直近3賃金計算期間の賃金総額（基本給だけでなく、残業代や各種手当てを含む）をその暦日日数で割った額である。

・有期労働契約の労働者に対する期間満了時の更新拒否（雇止め）は、解雇とは異なるが、労働者において契約更新（継続雇用）の期待が生じる一定の場合には、更新拒否の「合理的理由」が要求される（雇止め法理。労働契約法19条）。

・退職勧奨は事実行為であるが、その態様によってはパワーハラスメントとして損害賠償の対象となることがある。また、「勧奨に応じなければ解雇する」と述べて行われた場合、解雇の「合理的理由」が存在しないケースでは退職の意思表示自体が錯誤取消（民95条1項）の対象となりうる。

・労働者による退職の意思表示は労働契約解消の申込みであり、使用者の承諾の意思表示があるまでは撤回できる。

・労働者の私生活上の言動は、事業活動に直接関連を有するものや企業の社会的評価の毀損をもたらすもののみが懲戒対象となり、後者は、会社の社会的評価に及ぼす悪影響が相当重大であると客観的に評価される場合に限られる（最判昭和49年2月28日）。

・懲戒解雇の場合でも、通常、労働基準監督署長の除外認定（労働基準法20条3項、19条2項）を受けない限り、解雇予告手当の支払いは必要である。

・退職金の賃金後払い的性格から、就業規則に定めていても、懲戒解雇時の不支給規定の適用が制限されることがある。

・会社と解雇の有効性を争う労働者は、雇用保険の「仮給付」という形で、解雇の有効性を争いながら給付を受けることができる。

・解雇の有効性を争う場合、賃金仮払い仮処分命令の申立てを並行して行うことがあるが、発令される場合、担保の納付を求められないことが多い。

・労働者が解雇を争う場合でも、使用者から出勤停止を通告された場合には、出勤・稼働を無理に行う必要はない。この場合、ノーワーク・ノーペイの原則の例外として、民法536条2項（債務者の危険負担）により、労働者は反対給付（賃金支払）を受ける権利を失わない。

・労働者災害補償保険（労災保険）で８級を上回る障害認定を受けている場合、清算条項によって給付・支給の原因が失われたと判断されるリスクを回避するため、示談や和解の際には支払われる金銭について「労災保険給付、公的年金給付を除く解決金として」という留保を付しておくべきである。

・労災保険は強制加入の制度であり、１人でも労働者を使用するときは、事業者が届出（成立手続）を怠っていたとしても適用事業所となる。

・労災保険手続上は、被災者に過失がある場合でも給付の過失相殺は行われないが、被災者（被用者）の使用者に対する民事上の賠償請求では過失相殺が行われる。

6　交通損害賠償

・車両番号・車台番号から、23条照会（弁護士法23条の2）で所有者や使用者を特定することができる（対象期間の特定が必要）。普通自動車は国土交通省の運輸監理部・陸運部に、軽自動車は軽自動車検査協会宛に行う。検査内容や届出書類等に関する照会の場合を除き、通常、任意の運輸監理部・検査協会で全国どこの車両番号の車両でも照会可能である。市町村ナンバーを持つ原動機付自転車は各自治体へ照会することになるが、地方税法22条による回答拒否が多い。

・加害者の氏名、フリガナ、生年月日がわかれば、損害保険料率算出機構宛の23条照会で、同人の自動車損害賠償責任保険（自賠責保険）情報や過去の事故での請求情報を得られる場合がある。

・所属弁護士会を通じた弁護士法23条の2による照会手続（23条照会）を利用するには当該申出にかかる事件の受任が必要である。

・自賠責保険基準と任意保険基準の大きな違いは、保険金の算定基準（自賠責保険＜任意保険）と過失割合の評価（自賠責保険では被害者に7割を超える過失がある場合のみ）である。

・タクシー、バス等の乗客として乗車中の事故で、乗務員に過失がある場合、被害者は旅客運送契約の債務不履行という法的構成を取ることができる。ただし、遅延損害金の起算点、時効期間が不法行為の場合と異なるほか、債務不履行責任では近親者固有の慰謝料請求（民711条）やそ

の類推適用ができない。

- 共同不法行為事案では、被害者は、加害者それぞれの自賠責保険会社に保険金請求が可能であり、被害者の得られる保険金の上限額が増えるが、これによって被害者の損害額までが増えるわけではない。
- 事故後、被害者が事故と別の要因によって死亡したとしても、通常、事故による後遺障害を基礎とした逸失利益が減額されることはない。一方、将来の看護・介護費用、将来の治療費等の将来の損害は、実費賠償を目的とするため、被害者死亡時点以後の請求は理由を失う（最判平成11年12月20日）。
- 人身傷害補償保険では、被保険者の過失割合とは無関係に保険金額の範囲内で実損害額の保険金が支払われ、加害者に対する求償が行われる。
- 対人賠償責任保険、対物賠償責任保険では、被害者救済の見地から、被保険者である運転者に無免許（免許の更新忘れ）、飲酒運転等の事情があっても保険金が支払われる。
- 搭乗者傷害保険では、被保険者の過失割合とは無関係に、死亡・後遺障害といった人身損害の内容に応じて一定額が支払われ、加害者への求償はなされない。
- 民事執行法改正（令和元年法律第2号）により、請求権が人身損害に基づくものか否かで執行手続上、取り得る手段が異なることとなったため（民事執行法206条）、人身損害について示談や和解をする際には、必ず「本件事故に基づく人身損害についての損害賠償債務として」等、人身損害の賠償債務であることを明示しておく。

7　保険・年金

- 独立行政法人福祉医療機構の年金担保貸付制度廃止により、合法的に年金受給権を担保とする貸付を受ける方法はなくなった（国民年金法24条、労働者災害補償保険法12条の5第2項）。
- 年金受給権は、国税滞納処分（その例による処分を含む。）の場合を除き、差し押さえることができない（国民年金法24条）。

8　医事損害賠償

・医療過誤による人身損害の賠償請求では、不法行為構成と債務不履行構成とで時効期間の差はなくなった（主観的時効期間 5 年、客観的時効期間 20 年）。立証の難易や時効の起算点も大きな差異はないが、遅延損害金の起算点、近親者固有の慰謝料請求（民 711 条）やその類推適用による慰謝料請求を行うことができるという点では不法行為構成の方が被害者に有利である。

・医療記録（診療録、看護記録、検査結果等）は訴え提起前の証拠保全（民訴 234 条）によって確保することができる。この手続では保全命令申立のような担保の納付は求められない。

・近時は電子カルテの普及で、事後のカルテ改ざんのおそれは低下しているといわれるが、医療機関側にカルテの任意開示を求めた場合、一部の記録、資料が開示の対象から外されていたとしても気付かないという問題がある。

9　会　社

・取締役会設置会社では取締役は 3 人以上でなければならない（会社法 331 条 5 項）。取締役会の決議は、議決に加わることのできる取締役の過半数が出席し、その過半数で行う（定足数、決議要件ともに定款での加重が可能）（同 369 条 1 項）。

・特別の利害関係（決議について個人として重大な利害関係を有する者。最判昭和 44 年 3 月 28 日）を有する取締役は、取締役会の議決に加わることはできず（会社法 369 条 2 項）、その者は定足数にも含まれないため、その者を除いた数で定足数を満たす必要がある。代表取締役の解職決議におけるその代表取締役は特別利害関係人に当たる（前掲最判）。

・株主総会の招集は、書面・電磁的方法による議決権行使を定めた会社である場合を除き、取締役（取締役会設置会社では代表取締役）が株主総会の日（会日）の 2 週間前（定款で要件を緩和していない非公開会社では 1 週間前）までに株主に招集通知を発する必要がある（招集期間。会社法 299 条 1 項）。

- 株主総会決議取消の訴え（会社法 831 条）は、決議の効力を遡って覆すための制度であるため「可決された総会決議」のみが取消の対象となり、否決された決議の取消訴訟には訴えの利益がない（東京高判平成 23 年 9 月 27 日）。
- 取締役の一部に対する招集通知を欠く場合、特段の事情がない限り、その瑕疵のある招集手続に基づいて開催された取締役会の決議は無効となる（最判昭和 44 年 12 月 2 日）。その取締役が出席してもなお決議の結果に影響がないと認められる場合が「特段の事情」に当たるが、このことを事後的・客観的に立証することはかなり難しい。
- 取締役会の承認が必要な行為について、適法な承認を欠く会社の行為も取引の相手方との関係では原則有効であり、その相手方が取締役会の承認決議がないことを知り又は知り得べかりし場合に限って無効となるに過ぎない（最判昭和 40 年 9 月 22 日）。
- 定款で株主総会の代理人資格を株主に限定する法人の株主総会に弁護士が株主代理人として出席できるかについて、総会の受付事務の混乱や円滑な総会運営阻害のおそれなどを理由に事前通告の有無を問わず否定する見解（東京高判平成 22 年 11 月 24 日参照）が有力である。

(10 親 子)

- 20 歳に達していない者は養親となれない（民 792 条）。これは 2022 年（令和 4 年）4 月 1 日からの成年年齢の引き下げ（20 歳→ 18 歳）の後でも変わらない。
- 未成年者を養子とする場合、（養子となる者が自己又は配偶者の直系卑属である場合を除いて）家庭裁判所の許可が必要である（民 798 条）。
- 「推定される嫡出子」（婚姻成立後 200 日経過した後、又は婚姻解消・取消の日から 300 日以内に生まれた子。民 772 条 2 項）との父子関係を争う場合、夫は「嫡出否認の訴え」（同 774 条）によらなければならない。訴訟提起の期限は夫が子の出生を知った時から 1 年以内であり（同 777 条）、子又はその親権を行う母を被告として提起する（民 775 条）。
- 「推定されない嫡出子」は、婚姻成立後 200 日以前に生まれたために嫡出推定（民 722 条）が働かない子をいい、夫は「推定されない嫡出子」

に対し、親子関係不存在確認の訴えにより、期間制限なく父子関係を争うことができる。

・「推定の及ばない子」（婚姻成立後 200 日経過した後、あるいは婚姻解消・取消の日から 300 日以内に生まれた子だが、懐胎可能な時期に夫が収監中であったなど懐胎不可能な事情があった場合）は、夫からの嫡出否認の訴え（民 774 条）を待つまでもなく、実の父親に対する認知請求ができる（最判昭和 44 年 5 月 29 日）。なお、「推定の及ばない子」に対しては、夫は期間制限なく親子関係不存在確認の訴えを提起して父子関係を争うことができる。

・「父を定める訴え」（民 773 条）は、再婚禁止期間（同 733 条 1 項。前の婚姻解消・取消の日から起算して 100 日）に反する再婚によって嫡出推定が重複する場合が想定されているが、婚姻届出の際、女性の前婚の有無やその解消・取消からの経過日数が確認されるため、そうした嫡出推定の重複が起こることは通常は考えにくい。

・法律上、親子の縁を切る方法はなく、扶養義務（民 877 条 1 項）をなくすこともできない。なお、遺留分放棄の許可（同 1049 条 1 項）が得られる場合はある程度限定される（⇒ 14「相続」参照）。

11 離 婚

・婚姻外の肉体関係が持たれた当時、夫婦間の婚姻関係が既に破綻していた場合は、配偶者の一方と関係を持った第三者は、他方配偶者に対する損害賠償責任を負わない（最判平成 8 年 3 月 26 日）。

・内縁関係が双方の生存時に解消された場合、財産分与の規定（民 768 条）が準用され、一方は他方に財産分与請求が可能である。一方、死亡による内縁関係解消の場合は、民法 768 条の類推適用はできず、死亡内縁配偶者の相続人に対して財産分与請求権を行使することはできない（最決平成 12 年 3 月 10 日⇒ 14「相続」参照）。

・配偶者と不貞をした相手方に対する損害賠償（慰謝料）請求調停は、簡易裁判所のほか、家庭裁判所に対しても申し立てることができる（家事事件手続法 244 条）。

・配偶者と不貞をした相手方に対する損害賠償（慰謝料）請求訴訟は、地

方裁判所ないし簡易裁判所に提起することになるが、不貞配偶者への離婚等請求事件が係属している家庭裁判所に対しても提起することができる（人事訴訟法17条1項、2項）。

12　遺　言

- 兄弟姉妹には遺留分がないため（民1042条）、兄弟姉妹が法定相続人となる場合に、それ以外の者へ遺産全部を遺贈する内容の遺言があれば、兄弟姉妹には遺産がわたらない。
- 遺言書検認（民1004条1項）は自筆証書遺言、秘密証書遺言のみ（公正証書遺言、法務局に保管されている自筆証書遺言は検認の必要がない）。検認は遺言の有効・無効とは関係がない。
- 相続法改正により導入された自筆証書遺言書保管制度では、保管申請時に法務局で遺言の様式を満たしているかチェックしてくれる。
- 自筆証書遺言、秘密証書遺言に基づいて不動産の相続登記を行う場合、遺言書検認の手続を経たものを登記申請書に添付する。法務局の保管制度を利用していた自筆証書遺言は検認を受けずにそのまま登記申請書に添付すればよい。

13　後　見

- 成年後見開始の申立てができるのは本人、配偶者、四親等内の親族、未成年後見人・保佐人・補助人（及びこれらの監督人）、検察官である（民7条。なお、市町村長にも一定の場合に申立て権限がある。精神保健及び精神障害者福祉に関する法律33条）。

14　相　続

- 共有者の一人が相続人なくして死亡した場合でも、直ちに「その持分は、他の共有者に帰属する。」という民法255条が適用されるわけではない。これは相続人の不存在が確定し、相続債権者・受遺者に対する清算手続が終了し、特別縁故者に対する財産分与がなされなかった場合に初めて問題となる（最判平成元年11月24日）。
- 第一順位の相続人全員の放棄がない間は、第二順位、第三順位の相続人

は相続放棄手続ができないが、第二順位以下の相続人や利害関係人（相続債権者等）は、他の相続人が相続放棄を行ったかどうかを家庭裁判所に照会することができる。

・相続開始前は、相続放棄はできないが、遺留分の放棄は被相続人となる者の住所地を管轄する家庭裁判所の許可を得ることで可能である（民1049条1項）。ただし、裁判所は、申立てが遺留分権利者の自由意思に基づくものかどうか、放棄の必要性や合理性があるか、代償的措置がとられているか等を考慮して拒否を判断するため、申し立てれば必ず放棄が許可されるというものではない。

・限定承認は相続人全員（その中で相続放棄をしたものがある場合はその残りの相続人全員）で行う必要がある（民923条）。

・内縁配偶者には相続権がない。死亡による内縁解消の場合、死亡内縁配偶者の相続人に対する財産分与を理由とする請求もできない（民768条の類推適用否定。最決平成12年3月10日）。特別縁故者への財産分与（民958条の3）は相続人不存在の場合に限られるため、内縁配偶者に確実に財産を残すのならば、生前贈与や遺贈を検討する必要がある。

・寄与分は、寄与の程度を具体的な金額で定める場合と、遺産全体に対する寄与の割合で定める場合がある。

・寄与分は相続人である者の「特別の寄与」について認められるため（民904条の2）、相続人以外の者（内縁配偶者等）には認められない。特別寄与料請求（民1050条）も「相続人以外の被相続人の親族」を対象とするため、内縁配偶者には認められない。

・相続人を受取人とする生命保険金請求権はその相続人の固有財産であり、相続財産には含まれない（大判昭和10年10月14日）。受取人を「相続人」と定めた場合も同様である（最判昭和40年2月2日）。ただし、これらが特別受益や遺留分算定で考慮されることはある。

・相続放棄をした者は最初から相続人ではなかったものと扱われるため、同順位の他の相続人がいる場合、その者の個別的遺留分は増えることになる。
　※遺留分放棄の場合は同順位の他の遺留分権利者の遺留分は増えない。

・遺産分割の申入れには遺留分侵害額請求の趣旨が含まれているとは解さ

れないため、遺留分侵害が問題となりうる事案では、（予備的に遺言の有効性を認めた上で）遺留分侵害額請求の通知を発出しておく必要がある。

・生命保険契約の契約者・被保険者が死亡保険金の受取人を他者に変更する行為は、その者に対する遺贈・贈与に当たらず、遺留分減殺（侵害額）請求の対象とはならない（最判平成14年11月5日）。

・相続税の申告期限は「その相続の開始があったことを知った日の翌日から10ヶ月以内」である（相税27条1項）。この期間内に遺産分割が完了しない場合、まず民法所定の相続分あるいは包括遺贈の割合に従って申告を行い、分割後、各相続人が必要に応じて修正申告、更正請求により調整を行うことになる（同55条）。

・一部の相続人が行方不明の場合に遺産分割を行うには、失踪宣告を申し立てる方法（行方不明となって7年以上経過していることが必要。民30条1項）と不在者財産管理人の選任を申し立てる方法がある。

・相続税額計算の際の基礎控除は3000万円＋600万円×（放棄を考慮しない）法定相続人の数であるが、この「数」に含めることができる普通養子の数は、原則として実子がいる場合は1名、実子がいない場合は2名が上限となる。ただし、特別養子、被相続人の配偶者の実子（あるいは婚姻前の縁組による特別養子）である普通養子等は実子として扱われる。

・贈与と同様、死因贈与も書面によらない場合には、相続人が取消（撤回）できる。この取消（撤回）は管理行為（民252条）に当たり、相続人が複数いる場合にはその過半数の決議により行う必要がある。

15　相隣関係など

・民法上、「建物を築造するには、境界線から50センチメートル以上の距離を保たなければならない」が、①その地域に異なる慣習がある場合（民236条）、②都市計画法の定める防火地域ないし準防火地域でかつ建物の外壁が耐火構造である場合（建築基準法63条）には適用されない（接境建築が可能）。もっとも、用途地域によっては別途、外壁後退の規制（同54条）が定められていることがある。

16 租　税

- 一定の要件を満たす夫婦間で贈与を行う場合、基礎控除（受贈者ごとに年間110万円）に加えて最高2000万円の配偶者控除を受けられる（相税21条の6第1項）。
- 相続時精算課税制度の適用を受ける場合、贈与税額の計算上、課税価格から控除する特別控除額は、特定贈与者ごとに累計で2500万円であり、この額を超える部分については、一律20％の贈与税が課される（以後、その特定贈与者との関係ではどんなに少額の贈与であっても暦年課税の基礎控除（年間110万円）は使えない。）（相税21条の9以下）。
- 贈与は年間110万円（受贈者単位。租税特別措置法70条の2の4第1項）以下であれば贈与税の確定申告は不要だが、配偶者控除等を受ける場合は結果的に納税額が0円となる場合でも確定申告が必要である。
- 土地・建物の譲渡所得算定において、所有期間が長期（5年超）に当たるか短期（5年以下）に当たるかは、取得から「譲渡した年の1月1日現在」までの期間で判定する（租税特別措置法31条1項）。短期譲渡所得となる場合、所得税・住民税合わせて長期譲渡所得の2倍近い課税となる。
- 不動産取得税は、不動産の取得が贈与による場合は課税されるが、遺贈・相続による場合は課税されない。

17 刑事・少年

- 被疑者の身柄の場所は、当番弁護であれば当番の要請元に確認ができ、国選弁護であれば弁護人に送付される勾留状の写しでも確認が可能である。逮捕直後に親族等からの私選弁護の依頼がなされる場合、相談時に被疑者がどこにいるかがわからないときは、チョウバ（捜査担当）の警察署に問い合わせることでわかる場合がある。また、逮捕から一晩経つと各都道府県の警察本部に各警察署での逮捕・勾留の情報が上がってくるため、そこに照会・問い合わせることでも身柄の場所が判明することがある。

・個人情報の保護に関する法律にいう「第三者」は、一般に①当該個人データによって特定される本人と②当該個人データを提供しようとする個人情報取扱事業者以外の者をいい、自然人・法人を問わない。同一事業者内での個人データの提供は「第三者提供」（個人情報保護法 27 条 1 項）には該当せず、本人の同意を得る必要はない。

・個人情報取扱事業者より相談・委任を受ける弁護士・司法書士に対する個人データの提供は、「第三者提供」（個人情報保護法 27 条 1 項）には該当しないものと解されている。

・インターネット被害の相談では、大別すると誹謗中傷投稿の削除とその投稿を行った相手方（発信者）に対する責任追及（損害賠償請求等）が問題となる。

・誹謗中傷投稿の削除は通常、サイトの管理者しか行えない。仮処分のほか、本人・代理人からサイト管理者に削除依頼を行うことで達成できる場合も多い。削除依頼は通常、所定の書式（テレサ書式）で行い、所要期間は 1 ヶ月程度である。

・匿名の投稿者（発信者）に対して責任追及を行う場合、通常、①投稿の証拠の収集確保、②管理者への投稿者ＩＰアドレスの開示請求（メール・テレサ書式、仮処分等）、③プロバイダへの投稿者情報の開示請求（原則、本案訴訟）、④相手方に対する責任追及という流れをとる。②の手続に 1 ヶ月程度、着手から投稿者の判明（③の完了）までに 6 〜 9 ヶ月程度を要するが、プロバイダの保有情報は投稿時から 3 〜 6 ヶ月で消去されるため、プロバイダが判明した段階で当該プロバイダに発信者情報の保存（ログ保存）を求めておく。

・プロバイダ責任制限法（特定電気通信役務提供者の損害賠償責任の制限及び発信者情報の開示に関する法律）による発信者情報開示請求は、電子メールや SNS（ソーシャル・ネットワーキング・サービス）の DM 等、一対一の通信やインターネットを介した詐欺等による権利侵害では利用できない。

・携帯電話番号や使用会社（キャリア）のメールアドレスがわかれば、23

条照会でその使用者（契約者）の住所・氏名を調査できる場合がある。当該番号のキャリアを照会先とするため、あらかじめ総務省のウェブサイトで確認して照会申出する必要があるが、MNP（携帯電話番号ポータビリティ）で他のキャリアへ番号転出している場合はその旨の回答がなされるため、転出先キャリアを照会先として再度、照会申出を行う必要がある。固定電話の場合もほぼ同様である。

・携帯電話の発信履歴の開示請求は、契約者本人以外の第三者からの請求では「通信の秘密」を理由に回答が拒否される。発信履歴の保存期間は事業者によって異なるが、通例6ヶ月程度であり、着信履歴はデータとして保管されていない。

・収監中（服役中）の人物が全国のどこの刑務所にいるかは、府中刑務所宛の23条照会の手続で調査することができる。一方、出所後の帰住先は、最後に収容されていた刑事施設でのみ情報を保有しているため、その施設を特定して照会する必要がある。

8 話し方、聴き方のポイント

　法律相談の意味論や心構えの話が続いてウンザリしてきたところ
で、相談の場での実際の振る舞い方に話を進めましょう。

　まず、どのように話し、聴き取ったら良いかについてです。

❶ 話し方のポイント

(1) 口調は穏やかに、ゆっくりと

　ときどき相談者や依頼者から「前に別の弁護士に相談したら物の言
い方も態度もひどくて、ものすごく感じが悪かった」という話を聞く
ことがあります（幸い、「だがお前はそれ以上だ」と言われたことは
まだありません）。

　相談の場に限らず、ぞんざいな物言いが良い結果を産むことはあり
ません。あなたに対する相手の印象は確実に悪くなり、相談者はあな
たのアドバイスにも無意識的な反発を感じるようになるでしょう。

　中にはかなり挑戦的・挑発的な物言いをする相談者もいますが、こ
の場合も冷静さを失ってはいけません。

　と、文章で書くとわずか数行のことですが、この**「常に口調は穏や
かに」**というのは実は言うほど簡単ではなく、それなりの忍耐力と自
己統制が求められます。

　理不尽極まりない要求をする相談者から、「何とかして弱い者を助
けるのがお前ら法律家の仕事だろうが」と言われても笑っていられる
ところを目指しましょう。

　また、**説明が早口過ぎるのも考えもの**です。助言の内容を一つ一つ
相談者の腑に落としながら進めるために、いつもの８割くらいのス
ピードでの話し方を心掛けましょう。

(2)　説明は明確に

　口調は穏やかであっても、その説明の内容は明確でなければいけません。

　この「明確に」という意味は、**「持って回ったまわりくどい言い方ではなく、はっきりと伝える」ということだけではありません**。

　法律の用語や言い回しはただでさえわかりにくいので、あなたが同業者と話す感覚でとうとうと説明をしていると、聞いている相談者は言葉は耳に入ってきても何のことだかさっぱりわからないということが起こります。

　例えば、あなたが「保証協会は代弁した後、求償して来るでしょうが、延損も相当乗ってますから、結局担保権の実行にならざるを得ないでしょうね。誰かご親族でご自宅を買ってくれそうな人はいないのですか」という説明をババババッとしたとしましょう。

　それなりの経験のある専門家であれば、この説明を聞くだけで、元々の金銭貸借の事実関係や相談者が今、置かれているおおよその状況、それに対して弁護士がどういう対応策を考えているかといったことを読み取るのはそれほど難しいことではありません。しかし、相談者の側はそうはいきません。

　相談者に対して、「代弁」「延損」といった難解な略語を使っているのも問題ですが、これが「代位弁済」「遅延損害金」となっていたとしてもさして違いはないでしょう。相談者にわかってもらえる形に言い直して説明する必要があります。

　また、説明をわかりにくくしているもう一つの原因は、主語や目的語が省略されているため、聞いているだけでは「誰が誰に何をするのか」が非常に読み取りにくいという点です（これは、登場人物の多い事件の相談を受けているときに、我々もよく感じることですよね）。

　相談者のわかる言葉、伝わりやすい表現で説明することも心掛ける必要があるということです。

❷ 聴き方のポイント

次は、「聴き方」です。

(1) 表　情

無表情は相手を不安にさせてしまうものですが、表情を出せばいいというものでもありません。特に心配事を話したときに相手に深刻そうな表情をされると相談者も余計に不安がつのりますし、かといって終始笑みを浮かべられると不気味で不愉快です。

悲しみには「お気の毒です」と心を痛め、怒りには「もっともだ」と共感し、不安や心配には「決して特殊なケースではありませんよ」と気持ちを和らげる表情が自然に出せるようになるのが理想です（実際にあなたがそう感じている必要はありません）。

(2) 話を聴き取る姿勢

不安な気持ちを抱えている相談者は、全ての事情を知っておいてもらいたいという心理からか、我々が考える「事件・紛争のポイント」と関係あることもないことも、網羅的に話そうとする傾向があります。

これは、私達が体調を崩して内科を受診する際、医師に訊ねられてもいない半年前のちょっとした体調の変化も話しておきたくなる気持ちに似ているかもしれません。

そのような相談者から、いかに要領よく必要な情報を引き出し、検討と助言を行うかという点が重要なのですが、それを意識するあまり、相談者の言わんとすることを「不必要」として切り捨ててしまうのはいかがなものでしょうか。

しばしば、「あの弁護士は話を全然聞いてくれない」といった不満を耳にすることがありますが、その多くは、相談を受ける側の「私が尋ねることだけに答えて下さい」という硬直的な姿勢によるものです。**客観的には適切な助言をしていても、相談者の反感を買い、助言の内容もその心に響かないとなると、何のための法律相談だかわかりません。**

限られた時間の中で、相談者に気持ちよく話をしてもらいながら、肝心の点を落とさずに聴き取る必要があるわけですが、これにはいくつかの工夫が必要です（⇨詳しくは第2章以降参照）。

(3) 相手の考えの二歩先を読む

相談者が既に気付いている問題への対処方法の想定が「一歩先」だとすれば、「二歩先を読む」というのは**相談者自身が気付いていない問題を拾い出し、それへの対処方法までを用意しておくこと**を意味します。

例えば、交通事故の賠償請求で、相談者の意識していない損害費目の洗い出しや、より有利な既払金充当の構成を提案する、離婚・財産分与の相談の際に、不動産の譲渡所得課税があることを説明し、支払い条件の再検討や資金準備の必要性を指摘する、といったことです。

「二歩先」と書きましたが、可能であれば「三歩先」「四歩先」にも先回りしておくべきでしょう。

このような先読みの思考は、本来、法律の専門家として当たり前に要求されることですが、これが法律相談の助言の中で高い精度でできるようになると、相談者はあなたに大きな信頼を寄せてくれるようになるでしょう（逆に、運良く事件受任に至ったとしても、あまりに泥縄式の対応が繰り返されると、依頼者のあなたに対する信頼は大きく低下してしまいます）。

早口で小難しい説明は、無愛想で不遜な物言いと同じくらい印象がよろしくない。

「こんな法律家の法律相談はイヤだ」

相談中に寝ている

興味ない態度があからさま

起きてるけどよく見たらやっぱり寝てる。

9 メモの取り方、記録の残し方

　弁護士会や司法書士会、役所の相談室には、たいてい備え付けの事務用箋や白い紙があるはずです。罫線の引かれたレポート用紙の場合もあれば、裏紙の場合もあるのですが、いずれにせよ紙は紙です。

　この項では、この用紙の使い方について少しお話しします。

❶ 聴き取り、理解を助けるメモ用紙の使い方

　相談に慣れた人であれば、相談中ほとんどメモをとらずに聴き取りを進めることも可能かもしれません。これはその人の性格や能力、仕事のスタイルにも左右されるのですが、私は、相談の経験が浅い人には、**できるだけ相談中にメモ用紙を活用**してもらいたいと思っています。

　相談者の中には、聴き取る側が一切メモをとらずに聞いていると、「自分の話している問題の重要性を理解してもらえていないのではないか」と不安に思ってしまう人も少なからずいます（実際に重要でない場合も多々あるのですが、問題の本質はそこではありません）。

　また、相続問題などで当事者が多数いる複雑な事案では、登場人物の関係や債権債務の向きなどを聴き取りながら図にしていくことで、事案を短い時間で把握することができ、思わぬ思い違い・取り違えを防ぐことにも役立ちます。

　図で視覚化することで、さらに聴き取らなければならないことが何かが見えてくるという効果もあります。相談者の話を聴きながら、頭に浮かんできたそのような「確認しておかないといけないポイント」を忘れないように書き留めていくという使い方は非常に有用です。

❷ 備忘録について

　以上は、いわば相談の場限りでの「計算用紙」的な使い方ですが、さらに一歩進んで、相談内容を記録化するメモ用紙の使い方について考えてみましょう。メモ用紙についてここまで真剣に論じた書籍はおそらく他にはありません。

(1)　備忘録の要否について

　どのような法律相談であっても、近いうちに同じ問題で再び相談を受け、あるいは受任することになる可能性はゼロではありません。「あのとき話した先生にもう一度話を聞いてもらいたい」という相談者は多いものです。

　そのような場合にも短時間で事案の記憶を喚起できるよう、やはり聴き取った内容は何らかの形で記録化しておく方が良いでしょう。

(2)　記録化の方法

　紙に直接手書きしていく方法や、聴き取りながらパソコンで文書データ化していく方法などがあります（パソコンを使う方法は、残していく内容を目の前の相談者の目に触れさせたくないときにも有用です）。

　どの方法でも問題はありませんが、**自分が後から検索・確認しやすいような方法や書き方で留めておくことが必要**です。

　弁護士会等の相談であれば、希望すれば、あなたが作成した相談票の写しを相談終了後にもらうことができると思いますが、そうでない場合（執務事務所での来所相談など）には、最低限、**「相談日時」「来所者（相談者、同行者）の氏名」**は相談の記録に残しておくべきです。

❸ 記録の残し方

　最初のうちは、相談者から聴き取ったことがらのうち、何を残していったらいいかもわからないことが多いのではないでしょうか。

　また、記録を残すことばかりに気持ちが向き、肝心の相談内容の理解がおろそかになるというのでは意味がありません。

では、どのように書き留めていくのが良いのでしょうか。

法律相談の時間はだいたい30分から1時間程度と限られているので、何もかもを残すというのは現実的ではありません（まこと、人生とは取捨選択の繰り返しです）。

そこで、相談で記録化する内容を、思い切って以下の事項に絞ってしまうというのも一つの手です。

① **登場人物相互の関係**や**権利義務**の向き・内容（図の形で）

② 相談を聞いていく中で**浮かんだ疑問点**とそれに対する相談者の答え

例）「明渡：4／1完了」「行政処分：なし」「自賠：全額回収済み」など

③ **相談者の望むこと**の内容（特に、イレギュラーな希望、譲れない要求がある場合はその内容）

例）「訴訟は可能な限り回避」「自宅連絡不可」「紹介者にも報告要」など

なお、事件の種類ごとに「相談者・依頼者に確認しておかないといけない事項」というのは、ある程度のパターン化が可能です。もっとも、どの事件も必ず類型化できない個別の要素が多く含まれているので、「事件類型ごとのチェックリスト」のようなものを法律相談のためにわざわざ準備しておくのは、あまり意味がないように思います（法律相談に慣れ、知識が身についてくると、そのようなものが必要ないことがわかってくるはずです）。

❹その他書き留めておくべきこと

受任の可能性がある場合、相談者に「受任した際の弁護士費用」の説明をすることがありますが、その場合は必ず説明した内容をはっきりと記録に残しておくべきです。**事件処理コストはどの相談者も関心が高い事項なので、この点について、前と後とで説明内容が食い違うようだと思わぬ不信を招くことになってしまいます**（⇨ P.54 資料**2**

参照）。

❺ 書いたメモを「もらえませんか」と言われたときの注意点

相談の場で、相談者から「その書いたメモを頂けませんか」と言われることが稀にありますが、その際には注意が必要です。

法律相談の場合、限られた時間の中で限られた情報を基に、法律家としての助言を行わなければなりません。これは法律相談の限界であると共に、我々相談を受ける側が負わねばならない責任の範囲を画する意味もあるのです。

とりわけ、人は自分に有利な事情は強調する反面、不利なことはできるだけ隠したい哀しい生き物です。**どのような事件でも、「相談の際には聞かされていなかった相談者に不利な事情というものが存在する」と考えておいた方が良い**でしょう。

ところが、相談を受ける側がいったん相談者に手書きの文書を提供してしまうと、自分のコントロールの及ばないところで、それが「その問題についての専門家の意見」として独り歩きさせられてしまうという大きなリスクが生じてしまいます。

特に相談者との信頼関係がまだ存在しない法律相談の場合には、求められたとしても、**手書きの文章の交付は控えるべき**です。

資料❷　手控えの例

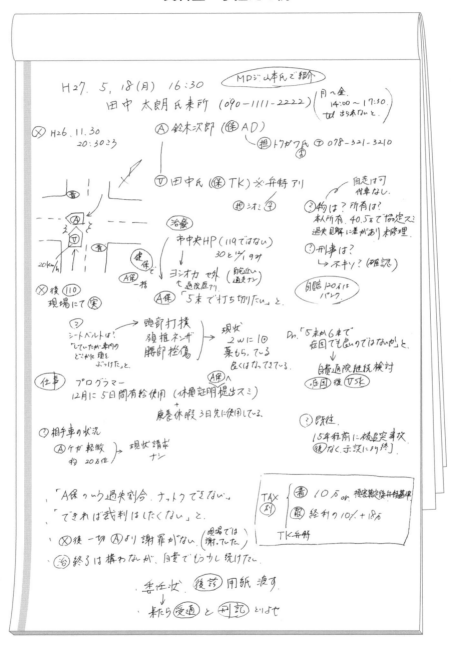

54

手控えの留意点

・相談中に頭に浮かんだ疑問点を、話を聞きながら手控えに⑦で書き留めていき、後で、それらについても質問し、答えを記録していく。

・特に書き留めておくべきこと
　①連絡に関する相談者の希望等（連絡がつかない時間帯、希望する連絡方法）
　②相談者から特に申入れのあった希望（「できれば裁判はしたくない」等）
　③費用に関して行った説明の内容
　④相談（打合せ）終了時点での「今後まずやるべき内容」

・略語（交通事故の場合の一例）
　⊗：事故
　Ｋ：警察
　110：110番通報
　119：119番通報（救急搬送）
　Ａ：加害者　Ａ保：加害者側保険会社
　Ｖ：被害者　Ｖ保：被害者側保険会社
　Ｗ：①目撃者　②週（「２ｗに１回」＝「２週間に１回」）
　ＨＰ：病院
　セ外：整形外科
　ＥＮＴ：退院
　㋫：実況見分
　㋩：後遺障害
　症固：症状固定
　ＶＳＫ：自賠責保険への被害者請求

10 安心のさせ方、危機感の持たせ方

　不安な気持ちで相談にきた方の話を聞き、問題点を明らかにした上で、解決方法を示してその不安を取り除く。これは、法律相談で法律家に求められる重要な役割です。

　では、我々は相談者に対して、「大丈夫ですよ。心配ありませんよ」と言い続けて相談時間の終わりを待てば良いのでしょうか。何かいろいろと違うような気がします。

　問題を解決するためには、まず**相談者に、自分の置かれている状況や直面している課題の正体を正しく認識してもらう必要があります。**

　そして、それらの問題を乗り越えるために何が必要かを相談者自身に理解してもらって初めて、我々が提案する解決の方策の意味や必要性も理解してもらえるのです。

　いくら法律家が助言を行っても、それが相談者の心に響かないようであれば、本当の意味で相談者の不安が消えることはありません。

❶ 安心のさせ方を覚える

　相談者には、聴いているこちらが奇異に思えるほどの不安を口にする方がいます。

　確かに、相談の中には「債務の滞納によって金融機関から不動産の差押えを受けてしまった」「任意保険を付保せずに車を運転していて、人身事故を起こしてしまった」というように、それなりに深刻で慎重な対応が求められるというケースもあります。

　ところが、相談者の不安の根をたどっていくと、実際には「心配するに足りない事情」が原因であったということも少なくありません（例えば、相手方からの通知書に、代理人の名前がたくさん並んでいたというだけでも、恐怖や敗北感を感じてしまう人は多いようです）。

しかし、枯れ尾花を幽霊と見誤ったままだと、本来法的に認められる以上の譲歩を強いられるなど、相談者の権利・利益の保護は難しくなってしまいます。

必要以上に強い不安を感じている相談者には、**問題の焦点とその解決法、それを採った場合に生じる不利益は、相談者が考えているよりもずっと小さくて済むこと**を、（可能であればいくつかの先例を交えて）丁寧に説明してわかってもらう必要があります。

❷ 危機感の持たせ方を覚える

相談者の中には、こちらが驚くほど、切迫した問題に無頓着・無関心で、危機感が乏しい方もおられます。

これには、自分の要求が難なく認められるものと安易に考えすぎているケース、対立する相手方から向けられた脅威を過小評価しているケースなどがあります。

いずれにせよ、差し迫った問題を認識して適切な処置を講じるということが困難なため、結果として大きなダメージを負う危険性があるのです。そうなったとき、我々の方へ矛先が向けられることは珍しいことではありません。

このような相談者の考えを短時間の相談だけで改めさせることは難しいのですが、それでも、**（可能であればマイナス方向の先例をいくつか交えて）問題についての注意喚起を図る**べきでしょう。

11 大切なのは「勝ち負け」では ないことを知っておく

　法的紛争では、法律家としては、事件の勝ち負けそれ自体よりも事件の筋読みを外さないという点がより重要です。

❶ 法的紛争の勝ち負けとは何か

　法的紛争では、対立する当事者がおり、相容れない主張や言い分が存在します。普通、それらを戦わせた結果が出て、事件が終わりを迎えます。これが訴訟であれば、勝訴・敗訴という形で明確に「勝ち負け」が示されることになりますし、和解や任意の交渉における合意であっても、その結論がどちらの当事者の主張・要求により近いものになったかという形で、やはり勝ち負けが表れます。

　勝負に勝つか負けるかというのは、事件の当事者にとっては大きな関心事でしょう。貸金請求で請求認容と棄却とでは確かに大きな違いです。もっとも、法律家として真摯に事件に向き合うようになると、そうした事件の「勝ち負け」そのものよりもずっと重要な着眼点があることに気付くはずです。それは、**事件の筋読み**です。

❷ より大切なことは「事件の見通し＝筋読みを外さないこと」

　法的紛争を形式的な勝敗だけで考えた場合、その結末に向けて法律家が発揮できる力、及ぼせる影響力というのは、実は非常に限られていることが多いのです。また、法律家にはそうした役割はさほど求められていません。

　なぜなら、**法律家が関与するようになった時点で、既に「落ち着くべきところ」が決まっている事案が非常に多い**からです。それがいわゆる事件の「筋」であり、それを正しく見極め、それに向けた事件処理を行うことこそが、法律家の重要な役割なのです。そこでは、形式

的な勝ち負けは、「勝つべき事案で勝ち、負けるべき事案で負けた」という、単なる結果に過ぎません。

　例えば、動かしがたい不貞の証拠が存在する事案で配偶者から損害賠償請求を受けている夫の依頼を受けたとしましょう。あなたは、夫の代理人として、婚姻関係の破綻や妻の主張する慰謝料額の不当性など、法的知識と経験を総動員して考え得る反駁手段を検討するはずです。同時に、そうした主張がどの程度、依頼人にとって有利な効果をもたらしうるかという点も熟考するはずです。そもそも「動かしがたい不貞の証拠」がある場合、配偶者の賠償請求自体を排斥すること（＝完全な勝利）は至難なので、相手の主張を受け入れた上で、交渉によって、よりダメージの少ない解決を模索するかもしれません。

　要するに、事件処理で法律家に求められるのは、**①事件の筋（見通し）を正しく捉え**、かつ**②その見通しから大きく外さないところで事件を決着させる**という二つの働きです。この①②を合わせて「筋読みを外さない」と言い換えることもできるでしょう。

　あなたの見通しが甘いと依頼人は覚悟していた以上の負担を負わされることになりますし、たとえ見立てが正しくてもマズい処理でそこから大きく外れた結果になると、これまた本来許容される以上のダメージを依頼人に与えることになってしまいます。どちらもあなたに対する依頼人の信頼を破壊する好材料となりますから、この点は単純な勝訴・敗訴なんかよりもずっと重要です。

大切なのは単なる「勝ち負け」ではない。

法律相談は好きですか？

　法律相談は好きですか？

　私は弁護士になりたての頃、法律相談がどうにも好きになれませんでした。

　「知らないことを訊かれたらどうしよう」という不安が常にありましたし、30分という相談時間（これは法律相談の形態によって異なります）内に、どうにか相談者の役に立つ結論を出さなければいけないと思い込んでいたということもあります。

　ですが、専門家といっても所詮一人の人間、知らないことというのは無い方がおかしいのです。また、問題の内容や複雑さによっては、相談時間内に明確な解決の方向性を見出すのが難しいことも多いのです。そういう場合、法律相談はあくまでも「解決へのとっかかり」に過ぎず、大切なのはその「とっかかり」からどのように解決につなげていくかということだと思います。

　こういったことに気付いてから、私は法律相談が苦手だという意識はなくなりました。

　もちろん、知らないことを訊かれることはありますが、そのときにはその場で言える確実なことだけを説明し、それで足りない場合はさらに調べて補足するという方法をとればいいのです（⇨第３章⓬参照）。

　また、相談の経験が増えてくると、専門家としての事件処理の知識や経験則も増えてきますし、「法律相談でよく訊かれる問題のパターン」もわかってきます。

　大切なのは、常に正しいやり方を心掛け、それを繰り返すことです。

　「送達されてから２週間を過ぎてしまった支払督促の争い方は？」「不動産の遺産分割協議をしたが、土地を取得した兄が協議書を見せてくれず、手元に控えも残していない。どうしたらいい？」といった、相談の場で浮かんだ疑問をメモ用紙に書き留めておき、事務所に帰ったらすぐに調べておくのです。

　そういった知識習得や努力の積み重ねが、法律相談に強い実務家を育てることになるんじゃないかと思います。

　私は、今は法律相談が好きだと言えるようになりました。

　法律相談は、自分が体験していない世の中のさまざまな出来事や、そこでの人の思いに触れられる非常に得難い機会です。そして、相談を通じて自分がその問題の解決に協力できるというのは、素晴らしいことだと思いませんか。

法律相談の流れ

　「法律相談のイメージ」ができあがったら、具体的に法律相談の流れを見ていきましょう。訴訟事件が訴状提出に始まり主張整理、証拠調べを経て判決言い渡しや和解で終わるように、法律相談でも始まりと終わりがあります。

　第2章では、法律相談の準備段階から終わるまでの流れに沿って、それぞれの場面で心掛けておくべき点を説明します。

1 相談の予定が決まったら

　相談の予約が入ってから相談のときまでに、あなたがしておかないといけないことをいくつか挙げておきます。

❶ 相談の概要を確認しておく

　電話なりメールなりで相談の予約が入ると、「受任→勝ち→いい感じの報酬」というようについ妄想が広がりがちですが、落ち着いて、相談者に相談の概要を確認しておいて下さい。

　「今回のご相談の内容は大まかに言うと、どのような内容でしょうか？」

　このひと言で結構です。

　受ける相談の内容が賃貸借の合意解除なのか交通事故なのか、はたまた遺留分侵害額の請求なのか、そういった「とっかかり」すらない状態で臨む法律相談は、パンツを履かずに期日に出廷するくらいに不安なものです。

　ここで重要なのは「とりあえず大まかに確認しておく」という点です。

　相談者の表情や話し方の間合いといったノンバーバル（非言語的）な情報は事件の筋読みや方針決定をする上でそこそこ重要なのですが、それらの情報は、実際に面談してみなければ得られないからです。

　また、電話などでは長々と話を聞いて、事実の把握をするだけの時間的余裕がない場合もあります（ノンバーバル云々より正直こっちがメインです）。

　①ざくっとした**事件の種類・類型**（不動産賃貸、交通事故、離婚など）と、②今回相談を予約するに至った**直接のきっかけ**（訴状が届いた、期間が満了した、堪忍袋の緒が切れたなど）がわかれば十分で

しょう。

　この二つの情報が得られるか否かだけでも、相談の密度や内容は驚くほど変わってきます。

　また、相談までに少しでも事情を把握しようとするあなたの姿勢に、相談者も心を打たれることでしょう。

　なお、自治体等の法律相談では、相談を運営している事務局から相談の予約状況（たいてい簡単な事案の概要が記録されている）を聴き取っておきます。

❷ 必ず持参してもらう資料を指示する

　相談の方向性がわかって一安心、というわけにはいきません。

　聞かせてもらった概要に従い、相談のときに**持参してもらう資料を必ず指示**しなければなりません（ただ残念ながら、これができるのは事前の連絡が可能な法律相談の場合に限られます）。

　交通事故ならば交通事故証明書、不動産ならば全部事項証明書や賃貸契約書というように、相談では**「それがないと始まらない基礎中の基礎の資料」**というものが必ずあります。

　これがないときの相談ほど、もどかしくてやるせないものはありません。

　私は、当番の法律相談で「訴えられたので事件の処理を依頼したい」と言いつつ、訴状や呼出状が入っていた封筒しか持参していなかった相談者の相談を受けたことがありました。

　係属している裁判所以外の情報が一切なく、事件番号はおろか、事案の内容すらわからなかったため、仕方なく、相談時間中は「裁判という紛争解決システムの功罪」を相談者に説明して終わりました。

　これはこれで何かの意義はあったのかもしれませんが（なかったのかもしれませんが）、結局、後日、資料持参の上、改めて事務所に来てもらわなければならなくなりました。

　相談者が、手元にある資料のうち、どれが重要でどれがそうでないかを判断するのが難しいケースは多いのです。

必要な資料の存否を確認する意味でも、持参してもらう資料の指示は忘れないようにしたいものです（資料が手元にないときは、相談時までに入手してもらう必要があるかどうかも考えて、指示します）。

　また、事実関係が複雑な事案の相談が見込まれるときは、

「メモ用紙や大学ノートでもいいので、簡単に時間の流れに沿って出来事をまとめてきて頂けると、より良いアドバイスができますよ」

と言ってみるのもいいかもしれません。

❸ 事前に可能な限りの調査を

　次は、実際に相談が始まるまでに、聴き取った概要を基に、自分なりに問題の**ポイントを予測**し、**できる限りの調査**をした上で、それに従って解決の方法や方向性を確認しておきます。

　これは相談の開始が2日後であっても15分後であっても、必ずしておくべきことです。

　法律相談といっても、実際に相談が始まるまでにしておかないといけない準備というのが結構あるものです。

　例えば、事前に紹介者を通じて「会社の借入に関する相談のようだ」という言葉を引き出せていたとします。

　イヤになるくらい雑ぱくな情報ではありますが、この情報だけでも「借入の約定変更の交渉とか、会社債務の整理とか、代表者の保証債務・担保物権の処理とか、そういった方向の相談ではないか」とアタリを付けることくらいはできそうです。

　そこで自分なりに**相談の時間までに、考えられる問題点や解決方法に関する情報を、可能な限り仕入れておく**ようにするのです。

　インターネットなどを使って問題点を洗い出し、過去の裁判例・実務の動き方がつかめると御の字でしょうか。

　実際、フタを開けてみれば、こちらが想定していたのとはかけ離れた相談内容であることも多いのですが、それはそれで問題ありません。

　こうやって、**断片的な知識からでも、問題点を予測し、解決方法を自分で考えておく訓練を繰り返す姿勢が、法律相談の専門家となる上**

で**重要**なのです（何人かのえらい先生も同じようなことを言っていたのを聞いたような気がします）。

❹ 相談の質を高めるのは相談前の時間

　実際に相談が開始されるまでに、可能な限り相談内容に関する情報を入手して準備を整えることで、大まかな問題点がわかるようになり、心に余裕を持った状態で相談に臨むことができます。

　相談者を前にしたあなたの受け答えにも当然違いが出てきますし、相談者としても、何か訊くごとに難しい顔で「うーん…」と黙り込んでしまう専門家よりも、打てば響くようなレスポンスの専門家を好ましいと感じるでしょう。

　また、何より、事前準備で初回の相談自体が充実したものとなるという大きなメリットがあります。

実はわたくし、アナグマ専門の少額短期ペット保険の会社を立ち上げたいんですの。

※事前に準備することでたいていの相談は対応可能です。

2 聴取ではまず相談者を知る

　ついに相談室で相談者と相まみえるときがやってきました。ところが、本題に入る前にも気をつけるべきことがあります。

❶ 目の前にいる人物は誰なのか

　「相談に来ているんだから、この人が紛争の当事者なんだろう」といった先入観は捨てましょう。

　自治体等の法律相談では、相談が始まったときに、手元に相談者の氏名・住所・連絡先、相談の概要などが書かれた相談票があるかもしれません。しかし、その場合でも必ず、最初に**「弁護士の中村です。●●●●さんですね」**と声に出して確認するようにしましょう。

❷ 同席者がいる場合

⑴　あなたはいったい誰ですか？

　相談者が複数いる場合、相談者に付添人がいる場合、そのいずれであっても相談の場に来ている全員の名前と関係を確認しておくべきです。

　「あなたは相談者の●●●●さんですね。で、こちらの方はどういったご関係の方ですか？　お名前は？」
と物怖じせずストレートに聞きましょう。

　法律相談では、ときに相談者にとって他人に知られたくない事実も話題にせざるを得ないことがありますから、当事者以外の人物が相談の場にいること自体がイレギュラーなのです（しかも、相談者本人はそのような問題意識を持っていないことが多く、内容次第では、「本人が同席させたから」で済まないこともあるのです）。

　法律の専門家としては、「どこの誰だかわからない人」がいる状態

で法律相談を始めるリスクの大きさを感じられるようでなければいけません。

(2)　望ましくない同席者がいる場合の対応

同席者が身分を明らかにしようとしない場合には同席を断り、それでも退席しないようであれば相談自体を受けないというのも一つの方法でしょう。

また、「知り合いの者」「遠縁の者」「コンサルタント（資格の説明無し）」「兄のような存在」「師匠のような人」「いつも目を掛けてもらっている人」といったよくわからない説明が飛び出したときには、同席を認める場合でも注意が必要です。

相談者が、それらの人物と完全に利害が一致しているという保証がない上、そのような説明のされ方をする関係者の場合、受任の後もいろいろと口出しや介入を行ってきて実際の対応に苦慮するということが考えられるからです。

相談者・同席者の口調や話す内容などから、両者の関係を注意深く観察し、特に相談者に不利な見通しを告げるときには、その伝え方にも配慮するようにします。

また、身分・関係に照らして**同席者と相談者とで利害が対立するおそれがある場合**にも、同様の考慮が必要です。

例えば、「本人が業務上の過誤の責任について上司と一緒に相談に来ているケース」や、「本人が知人からの借入も含めた債務の整理の相談にその知人を同行させているケース」などが考えられます。

いずれの場合でも、相談者自身の利益を害するおそれがあるからという理由をきちんと説明して、同席者に退席の理解を求めるべきです（それでも納得してもらえない場合、そのこと自体が注意信号です）。

「ワケありの場合、相談者が同行者との関係を正直に言わないのでは？」という見方はもっともですが、問題はそこではありません。

ここで重要なのは、「あなたが相談に入る前に同行者と相談者の関係を確認し、得られた答えに従って適切に処理した」という事実です。

TIPS

法律家の側も司法修習生や後輩を同席させるときは、説明して相談者の了解をとる必要がある。

また、現実には相談者自身が同行させた人に対して**相談の場から退席してもらいたいと言いにくい**場合も多いでしょう。

　そのようなときは、**助言の内容を概括的・一般的なものに留め、後日改めて相談者のみと協議できる相談の場を設けるべき**です。面倒なようですが、あなた自身のリスクを避けるには有用な方法です。

　「改めて本人から詳しい事情を聴く必要がある」「指示する資料を揃えて再度本人に相談に来てもらいたい」「過去の裁判例や処理事例を調べた上で、再度本人に来てもらう」等、それらしい言い方を考えます。

　たとえ家族であっても、本人以外の者が同席している場では、相談者は全ての事情をつまびらかにすることに少なからず抵抗を感じるものです。後から「実はお話ししていなかったのですが…」と打ち明けられて慌てるという事態は、可能な限り避けたいところです。

❸ 「代理の相談者」による相談の場合

　「本人が仕事で忙しくて来られないので、母親の私が代わりに相談に来ました」といった場合がたまにあります。

　親族や知人が紛争当事者本人に代わって相談に来るということ自体に問題はないのですが、本人不在のまま聴き取りを進めても詳しい事情がわからないということが往々にしてあります。

　このようなときには、アドバイスの内容も一般的、仮定的な内容にならざるを得ず、**「今回お聞きした事情だけを基にすれば、このようなアドバイスになります」**という念押しが不可欠です。

　また、**事件を受任する際には、必ず本人と面談の上、委任意思と事実関係をきちんと確認しなければならない**ことはもちろんです。

　なお、あなたが「代理の相談者」に説明したことが、きちんと本人に伝わっているという保証はありません（むしろ、「ある程度間違った形で伝わっている」と考えた方がよいでしょう）。

　「代理の相談者」による相談は紛争解決や依頼のきっかけに過ぎないと割り切り、めでたく受任となった場合には、本人に対しゼロから

説明を行い、処理方針を決定していくべきです。

❹ 本人の人となりを知る

　正真正銘の当事者本人からの相談であった場合、いよいよその相談者本人の内面に切り込んでいきます。

　表情や言葉の選び方、話し方・受け答えの仕方（素直な言い方をする人か、引っかかる物言いをする人か）、説明を聞く際にメモをとっているか否か、こちらの説明に追従的か批判的か、自分の中で「結論」を用意している人かそうでない人か、といった点に気を配りながら相談を進めていきます。これらは、どれも相談者に対する助言の内容やその伝え方を決める上で重要な役割を果たす情報です。

　あくまでも一般論ですが、こちらの説明に素直にうなずいてくれる人ならば、あなたが積極的・直截的に意見を述べる方が納得感・安心感につながります。逆に警戒的・懐疑的な態度の人には、疑問点を拾い出しつつその答えを積み重ねながら、一緒に結論に至っていく話し方が適していることが多いでしょう。

　法律家としての経験を積んでいけば、この「本人の人となりを知る」ことはたやすくできるようになるはずです（そのためにはある程度苦い経験が必要ですが…）。

同席者に注意！

先生、全部あの女が悪いんです。

うちの武彦はすっかり騙されたんです。

そうよね？たけちゃん？

3 事実経過を「過不足なく」聴き取る技術

ようやく具体的な相談内容の聴取を行う段階に来ました。

❶ 法律相談の主導権を握るのを恐れない

「相談者の話を聴くだけで時間切れになってしまい、助言内容がひどく中途半端なものになってしまった」ということはありませんか。

私も相談の経験が乏しかった頃によくハマった落とし穴ですが、これを避けるためには**聴き手の側が相談の主導権（イニシアティヴ）をしっかりと握ることが必要**です。

例えば、自分から話すのが苦手な相談者の場合には、聴く側が質問を投げかけて順序よく話を進めていく必要があります。

また、饒舌な相談者が止めどなくしゃべり続け、話がどんどん横道へ逸れていく場合には、それにストップをかけて元の場所へ引き戻してあげるのも聴き手の重要な役割です。

限られた時間で適切に聴取を行うには、重要でない情報をいかに排除していくかという視点も併せ持っておく必要があるのです。

リーガルアドバイスを取り上げた書籍や論考では、よく「問題を抱えた相談者に寄り添い、途中で遮るのではなく、相談者自身に話をさせる雰囲気や環境作りが重要」ということが相談の際の基本姿勢として書かれています。

相談者が萎縮して言いたいことを言えないようでは困るので、これはまあそのとおりだろうなとは思います。ですが、実際の相談の場でこの基本姿勢を意識しすぎると、相談時間がいくらあっても足りないのです。

こうした基本姿勢の刷り込みによるものか自信のなさによるものか、経験が浅い人の相談を見ていると、相談者が話すに任せ、自分で

相談の流れを作ることをしない人が少なくありません。

しかし、「**必要な事実を聴き取り、それを適切に評価して、一定の解決方法を提示する**」というところまでを限られた時間内にやってのけるのが法律相談なのだ、ということを忘れてはいけません。

事実、どの書籍でも基本姿勢に加えて、「ときには聴き手の側が主導権を握ることも必要」ということが、必ず何らかの形で書いてあるはずです。

❷ 聴取のテクニック

次に、聴取のときに使えるテクニックをいくつかご紹介したいと思います。

(1) やんわりと遮る

いくら聴き手が相談の主導権を握り、不必要な情報を排除していくといっても、「そんなことより」を連発するようでは、相談者との信頼関係を築くどころではありません。要するに角が立つのです。あなたも、気持ちよく話しているときに誰かに途中で遮られたり否定されたりして、思わずムッとしてしまったということはありませんか。

そこでぜひとも身につけてもらいたいのが、**相談者の話を「やんわりと遮る」**技術です。

例えば、

「なるほど。で、今言われたことにも若干関係してくるのですが…」
「よくわかります。そういえば、今お聞きしていて少し気になったのですが…」

といったフレーズを駆使して、相談者の話を自分の望む側に巧妙に誘導するといったやり方です。相談での聴き取りが上手だといわれる人は、みんな、このテクニックに長けています。

ここでは、相談者に「バッサリ切られた感」を与えずに話を進めていくのが目的ですから、それまでの相談者の話とあなたの誘導先とが関係があろうがなかろうが大した問題ではありません。

あなたも、社会生活の中で、きっと誰かしらに「やんわりと遮られ

こちらの発言を全く聞かず話し続ける相談者には、話が止まるまで相づちを打たず黙り込むのもときに有効である。

る」経験をしているはずです。

　それを思い返し、自分なりの言い方を考えて使いこなせるようにしたいものです。

⑵　共感を示す

　相談者に不信感を抱かせずに、話の流れをコントロールする上で、**言葉や表情、身振りで相談者に共感を示す**こともそれなりに有用です。

　例えば、「いや、それはわかりますよ。でも」や「そうでしょうか？」といった、相談者の主張や見方を頭から否定する言葉をすぐに口にしてしまうようでは考えものです。

　こと相談に限って言えば、相談者とことさらに対立することで得られるものはありません。

　まずは、相談者の話の内容を受けて、

「そうですね」

「私だってそう感じると思います」

と相づちを打つことから会話を始めてみましょう。

　相談者が重大な懸念や憤りの言葉を口にしたときは眉をひそめ、思案顔でうなずいてみせるといった具合に、表情でも共感の意思を示すことができます。

　また、相談者は、背もたれに体を預けているよりも、自分の方へ幾分前屈みになって話を聞いてくれる方が、より共感して親身になってくれていると感じるものです。

　あなたが共感する姿勢を見せることで、相談者もあなたに心を開き、これが信頼関係の形成につながるのです。

⑶　ときには遡って聴いていく

　事実関係を聴取するときには、古い方から新しい方へ、時系列に沿って聴いていくのが一般的かと思われます。

　普通、人の記憶は時間の経過の順に整理されており、また聴き手としても実際に起こった事実を時間の流れに従って聴き取っていく方

が、事実ごとのつながり・因果関係が理解しやすいからです。

　ところが、相談者の中には、このように時間の流れに沿って説明をするということが苦手で、話がなかなか要領を得ないという人もいます。

　また、相談者の事実関係の説明が、事案の本題と明らかに関係のない大昔のことがらから始まっているなど、時間を掛けて聴いていても、問題の核心と思われる部分に一向に到達しないということもあります。

　このような場合には、まず、**相談者が「誰に対して、どのような理由で、どういった解決方法をとりたいのか」という結論部分**をとりあえず聴き取った上で、その適否・当否の判断に必要な限りで過去に遡って事実関係を拾い上げていくという、逆の方法が適しているように思われます。事情を聴いていくときには、聴き間違いや誤解を避けるため、**相談者が省略しがちな主語（誰が）や目的語（誰に）も適宜確認します**。また、相談者が話す内容が相談者自身が体験した事実か誰かからの伝聞か、相談者の主張を裏付ける客観的な資料があるか否かという点も意識しながら、聴き取りと記録化を進めます。

4 相談者の「求めていること」のつかみ方

　事実経過を聴き取っていくのと並行して、相手があなたに何を求めているのかをつかまなければなりません。

❶ 相談者の「求めていること」をおろそかにしない

　法律事務の経験が増えるにしたがって、「このような問題はこのように処理したらよい」といった紛争処理の知識が積み上がってきます。

　これは結構なことなのですが、この知識に頼りすぎると、聴き手は相談者の意向を無視しがちになり、自分の経験則がはじき出した特定の解決方法に飛びつきやすくなってしまいます。

　私は、弁護士になってすぐの頃に、師匠に同席してもらって受けた最初の法律相談を忘れることができません。

　このときの相談内容は確か医療過誤だったのですが、相談者の話を聞いて血気盛んに訴訟提起前提で話を進めようとする私に、相談者の方が気後れしてしまうということがありました。

　相談が終わった後、師匠に「**まず相談者がどうしたいかを確認しないと。相談者には相談者の考えがあるんだから**」と諭され、深く恥じ入ったものでした。

　今思えば、当時の私はまるで部屋の光に誘われてやみくもに窓ガラスに体当たりを繰り返すカナブンのようでした。相談者の思いを抜きにただやみくもにぶつかっていっても、決して解決には向かわないのです。

❷ 「求めていること」の探し方

　相談者の抱える問題は、たいていその人にとっては人生の一大事ですから、自分なりに問題の正体や解決の方法を見極めておきたいと思

うのが人情です。特に最近はウェブ上でいろいろな情報が手に入るので、相談の前にあらかじめ大まかに問題点や処理方法を調べている人も少なくありません。相談に来た時点で、相談者なりに「こういう風に問題を解決したい」という漠然とした希望や想いを抱いていることもあります。

「法的手続ではなく穏便に済ませたい」「どうしても許せないので徹底的にやりたい」「時間がかかってもいいから、破産ではなく債務整理で処理してもらいたい」といったようにです。

それに気付かず「法律家としての常識」を押し売りすると、「自分の話をちゃんと聞いてくれない」「親身になってくれない」「カナブンみたい」といった評価につながってしまうのです。

そうならないためにはどうすればいいのでしょうか。

事実関係の聴き取りが一段落したところで、ひと言「**今回、こうやって相談に来て頂いたわけですが、●●さんご自身で『こういった解決方法をとりたい』といったご希望はありますか？**」と水を向けてみてみて下さい。その上で、聴き手と相談者とで「問題の解決」のためにもっともふさわしい方法が何かを、一緒に検証していけばよいのです。

5 提示すべき結論とは

　法律相談の場であなたが目指すべきゴール、それは相談者から聴き取った内容を基に、あなたが法律の専門家として「一定の結論を示す」ということです。

❶ あなたの「結論」は？

　事情の聴き取りが終わったら、必ず相談者に対して**あなたが考える「結論」**を示さなければなりません。

　相談者が時間とお金を使ってわざわざ相談に来るのは、直面している問題について**自分が今どうすればよいのか**を知りたいからです。

　あなたは相談者にその答えを用意してあげなければなりません。

　学生や司法修習生に事案を示して、「あなたが法律実務家だったとしたら、どう対応するか」を考えさせたとき、「依頼者は●●という請求ができます」「相手方の請求は、平成●年の判例の判断に反しているので認められません」という答えで終わってしまうことがあります。

　しかし、これではおよそ法律相談で示すべき「結論」だとは言えません。

　これだけでは、**相談者が具体的にこれからどう対処したらよいのかが全くわからない**からです。

　法令の定めや裁判例、これまでの制度の運用に照らしてできるかできないか、請求が認められるか認められないかなんていうのは、相談者が求めている助言に達するまでの初期の通過点に過ぎないのです（⇨第1章**7**で触れた四つのレベルのうち、もっとも浅いLv.1の解答です）。

　さらに言えば、そのような条文や裁判例の知識で出てしまう答えか

76

ら、どのように相談者や依頼者に有利な（または、できるだけ不利でない）結論を導き出せるかという点こそが、我々法律家の活躍の場であるともいえるのです。

❷ 具体的に考えてみよう

　ここは大事なところなので、少し具体的に考えてみましょう。

　単純なケースとして、「友人にお金を貸したが、のらりくらりと逃げられて一向に返してもらえない」という相談を受けたとします。

　この相談者にわざわざ、「契約に基づいて、あなたは友人にお金を返せと請求する権利がありますよ。返してくれないなら裁判して、それでも返してくれなければ強制執行すればいいんです」なんていう説明（Lv. 1）で終える人は、さすがにいないでしょう。

　そんなのは相談者にとっての結論でも何でもありませんし、問題はまだずっと先の方にあります。

❸ Lv. 2のアドバイス

　まずあなたは「友人にお金を貸した」という相談者の言い分を裏付ける証拠や事情がないかを、確認するはずです。

　いつ、いくら貸したのか、貸金の契約書や覚書はあるのか、領収証などお金の移動の詳細やそれを示す資料があるのかどうか、そういったところでしょうか。

　ところが、相談者によると、友人との間では契約書も何も作っておらず、お金も現金手渡しで領収証もとっていなかったとのことです（つい頭を抱えてしまいたくなるところですが、実務では本当によく耳にするパターンです）。

　そこからあなたはどのように相談を進めるでしょうか。

　遅くともこの時点で、あなたは**その友人が借入れの事実を争っているのかどうかを相談者に確認するはず**です。貸付けを直接証明する客観的な資料がないこのケースでは、友人が借入れを認めているかいないかで、処理の仕方に大きな違いが出てくるからです。

友人が認めているのであればさほど問題はないでしょうが、逆に借入れ自体を争っているということになると、若干面倒です。

　ここで「お金の移動が証明できず、相手が借入れを争っているのならば、お金を貸したことを立証することは難しいです。負けますよ」とアドバイスをする人もいるかもしれません。その方が対応も簡単です。

　ですが、「今回は残念だったけれど、次からはちゃんと契約書や領収書を作ってね」というのでは、相談者が正に今、対峙している問題の解決にはなりません。当然、相談者も納得しにくいでしょう。

　では、ここからさらにあなたが、何かできることはあるのでしょうか。**もう少しだけしつこく考えてみましょう**。ここからが法律家の本当の仕事です。

　領収証や払込取扱票、口座の送金履歴といった金銭の移動を示す直接的な証拠がないのであれば、その他にお金の貸し借りが行われたことを裏付ける事実や証拠がないかを探します。

　例えば、貸付けの後、友人から相談者に逆にお金が支払われた事実があるか否か、友人から借入れを頼まれた経緯・内容、過去にも友人にお金を貸したことがあったか否か、あるいは相談者自身の貸付金準備の状況といった事実を積み重ねていくことでも、相談者の貸付けの事実を立証できる場合がありそうです。

　そして、あなたもこれらの事情の有無確認や、書類等の資料の収集方法を相談者に提案・指示することになるでしょう。

　ここまで来ると、助言の内容や処理の方向性（Lv. 2）はかなり具体的・明確で、相談者にもわかりやすいものになってきました。

❹ さらなるアドバイス

　もっとも、以上のようなある意味泥臭い争い方をするべきかどうかは、それが認められる可能性とコスト・時間・労力といったデメリットを衡量して、相談者自身に決めてもらわなければなりません。

　そこで可能であれば、あなたから相談者に、有利な結果が得られる

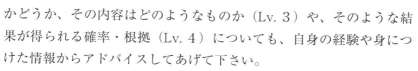

かどうか、その内容はどのようなものか（Lv. 3）や、そのような結果が得られる確率・根拠（Lv. 4）についても、自身の経験や身につけた情報からアドバイスしてあげて下さい。

　具体的には、似たような争われ方をした過去の事例の概要や結果、現時点で判明している相手方の資産状況などを基に、貸付けの事実や返還請求が認められるかどうか、また認められたとしてどの程度回収できる可能性があるかなどを説明することになるでしょう。

　具体的な処理方針を立てられるだけの材料（証拠、情報など）が揃っていない場合であれば、「相談者が不足資料の収集や事実関係の確認を行う」「依頼してもらった後、23条照会（弁護23条の2）で●●の資料を取り寄せる」という形での対応も考えられます。

　その結果、相談者は法律相談を終えた後に自分がどうすればよいかを知ることができ、気持ちよく相談室から出ていくことができます。

　要するに、法律相談にあたっては、座学や試験勉強で得た知識に頼るのみで良しとするのではなく、事案に即し、相談者の利益を最大化するために**相談者が当面、どのように対応すればよいのかを、具体的に示す必要がある**ということです。

　それが、法律家が「一定の結論」を示すということだと思うのです。

相談者があなたに聞きたいのは向かうべき先とそこへの行き方、そしてたどり着けるかどうかである。

6 一歩踏み込んだ アドバイスを

前項では、「相談者（あるいはその依頼を受けた弁護士）が当面、どのように対応すればよいのか」を示すことが必要だと書きました。

ただ、そのときに考えてもらいたいことがあります。

❶ 相談者の質問にとらわれない

相談者から聞かれたことにはできる限り答えましょう。人として。

また、**相談者から聞かれていないことでも、説明をしてあげた方がよい場合があります。**

例えば、相談者の気付いていない問題点や解決方法が考えられる場合です。

尋問では、「尋ねられていることだけに答える」というのがセオリーですが、法律相談では、何も相談者から質問されたことだけに限定して答えなければならない、というルールはありません。

法律相談は「問題の解決」という重要な意味を持っていることを思い出してみましょう（⇨第1章❶参照）。

❷ 事例で考えてみよう

一つ、わかりやすい極端な例を挙げましょう。

「夫が先月亡くなったんだけれど、遺産で自宅と少しばかりの預金があります。でも私の知らないところで借金を作っていたらどうしようかと不安に思いまして」という女性が相談に来たとしましょう。

このとき、どうアドバイスするのが適切だと思いますか。

「でも、借金はない可能性もあるかもしれないじゃないですか」という空中戦を挑む人はあんまりいないと思うんですね。

また、「作っているのが借金だけだといいんですが…」というのは、

全く余計なお世話というものです。

　おそらく、まともに民法を勉強した人であれば「限定承認」という単語を思いつくのに2秒もかからないでしょう。

　では、「安心して下さい。限定承認の申述といういい方法がありますよ。手続は具体的には家裁の窓口で聞いてみて下さいね」とアドバイスし、後は「大変でしたでしょうね」とテキトーに場をつないで20分くらいで相談者を帰してしまってよいのでしょうか。

　限定承認の申述（民922条）は法学部の授業でも習うくらいポピュラーな手続ですが、実際に申し立てようとすると、同時廃止の破産申立てと同じかそれ以上の事務処理が必要になります。

　被相続人の戸籍（出生時から死亡まで）の取り寄せもなかなか煩雑なもので、実際には、相談者が仕事や家事をしながら自分で申立ての準備をするというのはかなり大変です。

　また、相談者が家裁で根気よく手続の説明を受け、何とか準備を始めたところ、共同相続人に法定単純承認となる事情があることがわかって、手続が不可能になるということもあるかもしれません（民923条参照）。相談者が唯一の相続人の場合であれば、相談者（限定承認者）自身が清算手続を行わなければならなくなります。

　かといって、手続を専門家に依頼しようとすると、これまた少なくない金額が必要となります。また限定承認では単純承認の場合と異なり譲渡所得課税の問題が生じうることも要注意です。

　このような問題があることに後から気付かされた相談者はどう感じるでしょうか。

　「この歳で、破産の申立人と管財人の両方のような仕事を経験することができた。あの先生はいい先生だ」と思ってくれるでしょうか。

　私が相談者だったとしたら、「これだけ大変なんだったら、法律相談のときに教えてもらいたかった」と思うでしょう。で、次に「せめて相談料だけでも返してもらえないかな」とも思うでしょう。

❸ もう一歩踏み込む

　紛争を解決するための制度や手続には、使い勝手の良し悪しがあり、またそれが功を奏するか否か（勝てるか負けるか）という見通しの問題もあります。

　前記の「限定承認の申述」は手続が煩雑で、少なくとも相談者が自分で行うには適さない種類の処理方法だといえます（令和2年度の全家裁の総新受件数を見ると、相続放棄申述受理が約23万4700件に上っているのに対し、限定承認申述受理はわずか675件に留まっています。切ないですね）。

　では、この相談を受けたとき、聴き手としては他に何かとる方法はなかったのでしょうか。

　問題の根底は、相談者が言うように「夫が借金をしていたかどうかが判然としない」という点にあります。

　そして、この本質的な部分が理解できていれば、「限定承認申述という手続の存在」だけじゃなくて、もう少し現実的でとりやすい解決方法（やそのヒント）を提案できそうです。

　例えば、一定期間分の被相続人宛の郵便物や預貯金の口座履歴等を精査することで、相続債務の有無につき、ある程度の確度をもって捉えられるようになるはずです。その調査に時間を要する場合には、熟慮期間の伸長（民915条1項但書）も検討すべきでしょう。

　また、限定承認を選ぶにしても、制度の説明をもう少し詳しく行った上で、共同相続人がいるときは全員でしなければいけないだとか、本人が独力で行うのは大変な労力を伴うけれど、専門家に頼むとこれくらいのコストがかかるだとかいったことは、伝えておくべきなのではないかと思います。

❹ 質の面から踏み込む

　「相談者に寄り添う」という表現の適否は別として、やはり相談を受けた側としては、**相談者の抱えている問題の本質を捉え、それをク**

リアするために、どこまでの助言、配慮が必要かという目線でアドバイスを考える必要があります。

　つまり、尋問と違って、法律相談では**「訊かれたことだけに答える」のでは足りない**場面があるということなのです。

　もっとも、考えつくことは何でもかんでもアドバイスに盛り込めばよいというものでもないのが、法律相談の難しいところです。そうすることで、相談者に本来あるべき以上の期待や不安を抱かせてしまうおそれがありますし、何より専門家であるあなたから**与えられる情報が多くなればなるほど、相談者の理解は難しくなっていく**からです。

　例えば先に書いた相続債務の調査の例で言うと、調査の方法を超えて、熟慮期間経過後に多額の相続債務が判明したような場合の対応方法まで、わざわざ想定して説明を行うかどうかは考えどころです。この場合は、調査や放棄の是非が決着してから、必要に応じて対応していけば足りるように思われます。

　アドバイスの量ではなく、あくまでも質的な面で「一歩踏み込む」ことが大切であるということです。

　ぜひ、おそれずに踏み込んだアドバイスを心掛けて下さい。

7 相談の終わらせ方、相談料のもらい方

どんなに楽しい法律相談にも、いつか終わりのときが来ます。

❶ 終わりに示すべきこと

相談終了時間の５分前になったら、そろそろ終わりを意識して整理に入ります（まるで人生みたいですね）。

相談を終えるに当たって聴き手が相談者に対し、**言葉に出して示しておかなければならないこと**は大きく分けて次の二つです。

(1) あなたの意見

相談内容を聞いてあなたが導き出した「専門家としての助言」を、もう一度明確に示しておきます。

ここで示すのは、「仮処分と本裁判を起こして、相手方に登記手続をするよう求める必要があります」とか、「相手方の求めに応じる必要はありません」といったように、**解決の方向性やそのための手続**が主となりますが、できるだけ、**そのような解決方法をとることで期待できる結果、勝率**などの説明も加えるべきです（⇨第１章**7**参照）。

あなたは相談を聞いている間に一つ一つ質問や疑問に答えてきたつもりでも、相談者はあなたの回答を整理して理解できていないことも多いのです（メモを激しくとる人ほど要注意です）。

そのため、このときは（恥ずかしくても）相談者の目を見据え、その人が助言の内容をきちんと理解できているかどうかを確かめながら、説明するようにして下さい。

(2) 相談者が今後しなければならないこと

相談者が相談を終えた後にしなければならないことも、もう一度確認しておいた方がよいでしょう。

相談室を出てエレベーターに乗る頃に「あれ、私、結局どうするんだったっけ？」とならないよう、「助言の内容を参考に、相手方と再度交渉してもらう」「資料・証拠の収集や事実の確認をしてもらう」「助言の内容を検討した上で、再度相談に来てもらう」というように、これも具体的に相談者に示す必要があります。

この(1)(2)の事項は本章の**5**で紹介した「結論」の内容と同じです。

それを**相談の終わりにもう一度言葉に出して、確認しておく**のです。

また、法律相談の結果、あなたがそのまま事件の委任を受けることになるかもしれません。

あなたの印象が良かったのか、それとも「誰でもいいからとにかく依頼したかった」のか。いずれにせよ、喜ばしいことに変わりはありません。

この場合には、逆に受任者となるあなたが、相談者に対し、今後予定しているアクション、相談者に準備・用意してもらう内容（委任状、委任契約書の返送や基礎資料の収集・提出、印紙・郵券代の予納など）を説明しておくことになります。

❷ なぜそうしなければならないのか？

以上のような確認をするのは、言うまでも無く、相談者に法律相談の結論を正しく理解してもらうためです。

また、それとは別に、**助言の内容に漏れや矛盾が無いかを、あなた自身が確認する**という意味もあるのです。

相談の内容が複雑な場合、聴き手の側も時期や相手方、主張すべき内容など、いくつかの場合分けをして助言しなければならないことがあります。

そういった複雑な事案になると、あなたの助言にも必要なアドバイスの漏れや矛盾が生じてしまうおそれがあるので、**法律相談の結論を再言することで、あなた自身も事案の整理と助言内容の適否の確認を行う**のです。

もし抜けや矛盾、間違いに気付いたときには、何食わぬ顔でフォロー

をしておきます。

　またこれにはもう一つ、法律相談の結論を整理して提示・確認することで、**法律相談はもう終わりですよということを、暗に相談者に示せる**という効果もあります。

　あなたが質問や疑問に対する明確な答えを示さずにいると、相談者としても相談の終わりを意識できません。ですが、相談者の側から「じゃあもう結構です」と言って相談を終えるということは普通はありません。特に、あなたの答えが期待していたものと違っていた場合、相談者としては少しでも良いアドバイスがもらえないものかと粘りたくなるものです。そんなときでも終了時間は来ますから、何か相談を終わらせるためのきっかけが必要になります。

　「最後に、今回の私の意見の内容と、あなたがこれからしなければならないことを、もう一度だけおさらいしておきますね」と言い添えることで、「相談の終わり」感は一段と増すことでしょう（商業施設で閉店間際に流れる「蛍の光」のようなものです）。

　これは、相談者があなたの助言の内容になかなか納得せず、話が堂々巡りになっているようなとき、それなりの効果を発揮します。

❸ 相談料のもらい方

　相談の終わりには相談料の受け取りと領収証の発行を行います（直接相談料の授受を行わない相談の場合は除きます）。あなたから、相談にかかった時間と算定根拠（単価）を説明し、金額を提示します。また、相談料を受け取るのと引き替えに領収証を渡します。

　法律相談料も事件の着手金や報酬金と同様、専門家としての業務の正当な対価ですので、適正な額の請求であれば遠慮はいりません。ただし、**相談予約の段階で、あらかじめ「相談時間が 30 分を超えるごとに税込 5,500 円を相談料として頂きます」といった具体的な説明をしておくことが重要**です。

　いきなり金額の話を出しにくければ「今日の相談料の請求はどなた様宛にさせて頂いたらよろしいでしょうか」等と言う方法もありま

す。

　相談の内容や難しさを考えた結果、相談料は請求しないという場合もあるかと思います。その場合、何も言わなければ、相談者に「**この人の相談は無料なのだ**」という誤ったメッセージを与えてしまうおそれがありますので、請求しない理由を必ず説明します。また、あなたが好意的に請求をしないと判断したというのであれば、それを相談者に伝えてあげた方が、相談者の主観的満足やあなたに対する印象もより良いものとなります。

　相談料が高額（5万円以上）となった場合、稀に相談者から「領収証には印紙を貼らなくていいんですか？」と尋ねられることがあります。

　この場合、「弁護士や司法書士が業務上作成する金銭の受取書（領収証）は、金額を問わず印紙税法と通達で非課税とされているので、収入印紙の貼用は必要ありません」と説明しましょう。

　ちなみに非課税の対象は「弁護士、司法書士等が業務上作成する金銭の受取書（領収証）」なので、相談料のみならず着手金・報酬金、日当、手数料等の領収証もこの印紙税非課税の対象に含まれます。

ほうらごらんなさい。カラスもお山に帰って行きますよ。

TIPS

相談料は、あなたの法的助言の正当な対価である。逆に言うと、助言内容はそれに見合ったものでなければならない。

8 いろいろな法律相談のあり方と心得① －従来型の法律相談の留意点

❶ いろいろな法律相談のあり方

　かつては、法律相談といえば、相談所や弁護士会・司法書士会、法律家の執務する事務所などでの、面談形式によるものが一般的でした。ところが、社会を取り巻く情勢の変化や通信技術の発達・浸透、そして相談者・法律家双方の意識の変化から、現在では、電話や電子メール、リモートツールを介した相談など、従来にはなかった形での法律相談が可能になってきています。もっとも、それぞれ相談者へのアドバイスの伝わり方や相談者からの反応の捉え方が異なるため、その違いに留意して正しい方法を選択しなければなりません。

　そこで、本項では、従来から親しまれてきた法律相談の形式の特長と留意点を、次の❾では比較的新しい法律相談の形式の留意点と相談の形式を選択する際の留意点を考えてみたいと思います。

❷ 対面相談

　対面での相談は、今でも法律相談の基本形であり、最も理想とする形であるといえます。その最大の長所は、相談者、法律家ともに相手の人となりや、「紛争をどのように受け止めているか」といった重要な情報を捉えやすいことでしょう。法律家は相手の表情からその内心の動きや理解の程度をうかがうことができるため、それらを見ながらアドバイスの形（方向性、話し方、リスクの説明の仕方、説明の深さなど）をリアルタイムで変えることができます。また、表情や身振り・手振りを交えて情報を伝えることができるため、相談者との信頼関係を築きやすくその安心感を与えやすいこと、その場でのやり取りであるため、相互に疑問点の確認を即時に行いやすく、相談者に親近感・

好感を持ってもらいやすいこと等の利点もあります。相談者の中には、こうした法律家とのダイレクトな関わりによる安心感を重視し、対面相談を希望する方が少なくありません。また、相談料の収受が比較的容易だという点も見過ごせません。

　他方で、対面相談は、ある程度やり取りの**秘匿性が保たれる場所で行う必要**があり、相談の場所や時間が限られてしまいます。他にフレキシブルな形態の相談手法が浸透してきた今となっては、やや硬直的な形態の相談であるという点は否めません。また、昨今の感染症による感染リスクがある場合など、面談を避けるべき状況では実施が困難なほか、相談困難者（⇨第3章**16**参照）の場合、直接の対応にリスクが伴うこともあります。

❸ 電話相談

　テレビ電話を除く従来型の電話による相談は、法律家と相談者が一堂に会する必要がなく、リモートツールを利用する場合以上に手軽、簡単に実施しやすいという利点があり、自治体や弁護士会、司法書士会などでも従来から利用されている形態の相談です。

　便利な反面、電話相談にはいくつかの使いにくさもあります。そのデメリットのうち最も大きな点が、**相談者、法律家ともに相手の表情が見えないため、コミュニケーションが難しい**という点でしょう。相互に、受話器から得られる音のみの情報になりがちであり、資料の内容の確認もやや煩雑であるため、複雑な事案では事実関係の把握が難しいことが多くなります。

　そのため、複雑な人間関係や時系列については、手元の紙で実際に書き表すなどして整理しながら聞き進めていく必要があります。相手の表情や口の動きを目にしながら聞く場合と、耳のみで音声を聞く場合とを比べると、お互い情報の聞き取り・把握は後者の方がやや難しくなります。対面相談の場合よりもゆっくり・はっきりとわかりやすく、またあえて複雑・難解な部分はそぎ落として伝えるなど、それなりの工夫が必要です。声だけのコミュニケーションでは、相手の表情

が見えない分、聞き手にとってはどうしても冷淡できつい物言いに受け止められやすいため、電話では普段の会話よりも心持ち声を明るめに、かつゆっくり話すくらいがちょうどよいでしょう。

　また、見落としがちな点ではありますが、電話相談では、相手の顔が見えないため、電話の向こうにいる話者が、あなたが想定している相談者・依頼者本人であるかどうかを確認しにくいという問題があります。特に、この問題は、遠隔地に居住する相談者から事件を受任する際に注意を要します。委任意思の確認は、必ず面談かリモートツールを介して行う、あるいは郵送で本人確認に必要な書類の写しを提供してもらうなどの方策が必要です。

　他方で、電話相談のもつ「お手軽さ」が生む使いにくさもあります。それが、**相談者・依頼者の依存度を高めてしまう**おそれがある点です。

　電話相談は相談者にとって、対面相談よりも格段にハードル、心理的抵抗が低くなります。この点、時間・機会の限られた自治体・弁護士会等での電話相談であれば問題はないのですが、特定の相談者・依頼者との間での電話相談を安易に繰り返すと、何でも疑問に思ったことをその都度尋ねてくる、折り返しを要求されるというように、法律相談の枠を超えた対応を強いられることにもなりかねません。「電話相談に親身に対応していた結果、少しでも折り返しが遅れると相談者・依頼者から不満を述べられるようになった」という問題もよく聞かれます。これは、電話相談がお手軽であるが故に、相談者・依頼者のあなたに対する依存度が高まってしまったことによるものです。

　また、電話相談では相談料の収受がしにくいほか、拘束時間・通話料の負担が大きくなりがちな点も見過ごせません。

　電話相談が相談者・依頼者と法律家の双方にとって簡便でありながら、電話相談を顧問先企業等に限っている法律家が多いのもこのためだと考えられます。

　電話相談の場合は、機会と対応の範囲を明確にし、あえて頻回の対応にならないようにするなど、法律家の側で一定の線引きが必要です。

❹ 郵送・FAX での書面のやり取りによる相談

　情報通信技術が発達した昨今からすると少し古色蒼然とした雰囲気がないではありませんが、郵送・FAX による書面のやり取りでの相談という方法もあります。これも時間を問わず相談を実施できること、相談、アドバイスの内容を客観的に残すことができること（ただし、送付した書面については写しの保管などが必要です）という、メール等による相談の場合と同様のメリットがあります（⇨本章❾参照）。

　他方で、この相談の使いにくさとしては、特に郵送のやり取りの場合、情報が限られる分、**アドバイスも限定的・仮定的になってしまう**点が挙げられます。また、不足資料がある場合には、電話やメールなどで追加での提出を依頼しなければなりません。

　そのほか、**書面でアドバイスのポイントを伝えるには工夫と慣れが必要**であること、アドバイスを書面で交付するため、その**内容が一人歩きするおそれが比較的高い**ことは、メール等による相談と同様です。

　また、電話やメールほどの簡便性・即時性があるわけではないものの、対面相談やリモートツールによる相談に比べると抵抗なく実施できるため、相談者・依頼者の依存度を高めてしまうおそれがある点、対面ではないため相談料の収受を工夫する必要がある点も同様です。

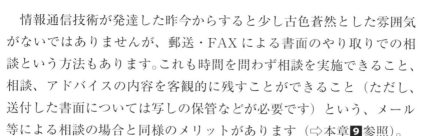

いろいろな法律相談のあり方と心得②
－新しい法律相談の形と方法の選び方

❶ 新しい形の法律相談とそれぞれの特色

　前項では、法律家の間で長らく親しまれている、従来型の法律相談の種別と留意点について見てきました。

　本項では、電子メール等電子機器を通じたテキストのやり取りによって行う法律相談、コロナ禍を経て急速に普及したリモート形式での法律相談のそれぞれの特長と留意点、そして法律相談の方法の選び方について検討していきたいと思います。

❷ 電子メール等による相談

　パソコンやスマートフォン等のメール、メッセージツール（SMS〈ショート・メッセージ・サービス〉など）を利用した相談も、近時多い形態です。

　この最大のメリットは、時間を問わず簡単、手軽に相談を実施できること、そして、相談、アドバイスの内容を客観的に残すことができ、後からの検索も比較的容易だという点でしょうか。

　相談・アドバイスの内容に加えて、資料の添付や詳細な説明など、ある程度時間をかけた対応も可能です。

　とはいえ、これにもいくつかの留意点があります。

　まず、こうしたメールやメッセージツールでは、アドバイスのポイントを伝えるには工夫と慣れが必要だという点です。例えば、法律家の側はアドバイスを一分の隙もないもの、リスクの説明に遺漏の無いものとするべく長文にしてしまいがちです。ですが、相談者の側がそうした法律家の努力の結晶を一言一句読んでくれるとは限りません（むしろ、結構な割合で流し読みされると覚悟しましょう）。相談者の

側は、「法律家に任せているのだから、まあ上手くやってくれているだろう」と考えがちだからです。この点は、あなたがお住まいの自治体から届いた書面を隅から隅まで読まないのと同じです。そのため、**送る文章はできる限り簡潔なもの**である必要があります。

　加えて、読み手に配慮した表現、二義を許さない表現であることも求められます。特に、メールはファイル自体の複製や文章のコピー・ペーストが容易なので、口頭の助言よりもあなたのアドバイスの内容が一人歩きするおそれが格段に高いといえます。そのため、安易で断定的な表現、曖昧でどのようにも取れる表現も控えるべきです。

　文章が簡潔であることと、読み手に配慮し二義を許さない表現であることはときに対立するので、やはり慣れと工夫が必要です。

　また、相談者・依頼者にとってお手軽であるが故に依存度を高めてしまうおそれがあること、相談料の収受を工夫する必要があることは電話相談の場合と同様です。

❸ リモートツールを介した相談

　近時、利用が多くなった相談の形態として、Zoom、Webex、Skype、Microsoft Teams、Google Meet、LINE（ビデオ通話）等を利用した相談が考えられます。相談者・法律家ともにコスト（費用・時間）を抑えられ、比較的簡単に実施できるため、今後も利用は増えていくものと思われます。

　この方法も、相談者、法律家ともに相手の表情を見ながら相談を実施できるため、お互いに重要な情報を捉え、伝えやすいという、対面相談と同じ利点があります。最大のメリットは、時間・場所の設定を含め、柔軟に設定できるという点です。法律家は事務所から、相談者は自宅の自室からというように、端末と通信設備、アプリケーションさえ調っていれば、例えばスマートフォン同士でもすぐに実施できるというお手軽さがあります。

　何より、相談のために少なくない量の資料を持参して来所してもらう必要がないため、時間・労力のロスが少なく、「相談に必要な資料

を家に忘れてきたために再度相談を設定する」という懸念もありません。

　一方、デメリットもなくはなく、やはり（対面相談よりは）意思の疎通が難しく、工夫が必要になることがあるという点は注意が必要です。例えば、使うツール、デバイスによりますが、スマートフォンやタブレットを利用して行う場合は、書類を示しての説明・確認がやや難しくなります。

　この点、Zoom、Webex、Skype、Microsoft Teams、Google Meet、LINE 等では、画面共有機能を利用して資料を用いた確認・説明が可能ですが、法律相談の場合には、むしろ相談者の保有する資料の提示を受けるべき場面が多いため、慣れていない相談者だと実施が難しいという問題があります。

　また、当たり前の話ですが、相談者・法律家それぞれにリモートツールの利用環境が必要となりますし、対面ではないため、相談料の収受を工夫する必要もあります。

❹ 法律相談の方法の選び方

　前項・本項にみてきたように、近時では、従来型の対面相談による方法以外にも、種々の形態の法律相談が実施できる状況になってきています。これらはどうやって使い分けるのがよいのでしょうか。

　特定の相談者、依頼者との間で、特定の方法を選択しなければならないというわけではないので、基本的には**依頼者の意向や設備・リソースが許す限り、その都度、それぞれの方法を使い分ける**という形をとり、相談者・委任者の意思や事実確認に不足する場合に、対面相談、リモートツールを介した相談で補うという方法が適していると思われます。

　例えば、相談を終えて実際に事件を受任するという場合、可能な限り対面相談、リモートツールを介した相談で、あるいは複数の方法を用いて相手が相談者（紛争の当事者）本人であることや委任意思をしっかり確認しておくべきであり、電話やメール等、あるいは書面のやり

取りのみで受任することは、法律家にとってあまりにもリスクが高いため控えるべきでしょう（⇨ P.215「世の中には他人の委任状を平気で書く人が一定数いる。」）。

　また、受任後であっても、例えば示談・和解に応じるか否か、あるいは判決に対して上訴するか否かという、依頼者の真意をしっかりと確認しておくべき場面では、やはり電話や書面のやり取りのみでの説明、意思確認だけでは不安が残ります。この点の説明や意思確認が十分にできていないと、「納得していないのに和解・示談を強要された」といった不満を生むおそれがあります。

　こうしたシビアな場面での協議は、依頼者の表情を直接見て、その受け止め方や理解の程度、方針に対する反応をきちんと確認しながら行うことが適しています。また、依頼者が選んだ結論については明確な形で記録化しておく必要があり、そうすることで依頼者自身の内心もきちんと定まることにつながります。

　そのため、説明は対面相談やリモートツールを介した相談の形で行い、また、意思決定結果をメールや書面の形で（あるいは返答の録音という形で）きちんと記録化しておくのが適しているでしょう。

TIPS

法律相談料には、法律家の時間価値の重要性を相談者に共有してもらうという重要な意味がある。

裁判所に投げていいことダメなこと

　何人かの裁判所書記官さんから、「『相談した弁護士から、裁判所に行って訊いたら丁寧に教えてくれますよ、と言われて来た』という当事者がいますが、それで困ることが多いのです」ということを聞かされたことがあります。

　裁判所の窓口に来たそういう人に、裁判で請求する内容や「どう書いたら有利になるか」ということを、あれやこれやと質問されることが多いというのです。

　ところが、中立・公正であることが求められる裁判所が対応できるのは、あくまでも手続相談の範囲であって、具体的な問題の処理の仕方や「どうすれば勝てるか」といった点についてまでアドバイスできるわけではありません（それこそ、弁護士や司法書士が対応すべき範疇の問題です）。

　しかし、そのことを窓口で来庁者に説明しても、「でも、法律相談で弁護士（司法書士）が『裁判所なら丁寧に教えてくれるから』って言った！」の一点張りで埒が明かず、非常に難儀するのだとか。

　このときの相談者の気持ちも、対応に苦慮する書記官さんの気持ちもそれなりに理解できるものがあります。では問題はどこにあるのでしょうか。

　相談を受ける側としては、相談者が相談室から出てしまえばそこで自分の関与はおしまいだと考えがちですが、「どこそこの誰がそういったいい加減なアドバイスをしているようだ」という情報は裁判所の中ではすぐに広まりますし、無駄足を踏ませられた相談者も、あなたのことを忘れないものです（良くない意味で）。

　要するに、そういった対応はあなた自身に返ってくる、ということです。

　あなたがまともであれば、書記官さんに「この事件、どうしたらいいと思いますか？　どう書いたら有利になる？」というバカげた質問をすることはおそらくないでしょう。そういった質問は、相談者にもさせてはなりません。

　また、実務家の中には「法的な問題点や有利不利はよくわからんが、話し合いでぐちゃっとまとめるには調停勧めときゃええわ」的な考え方を持っている人がいるようで、「訴訟では難しい＝調停申立てをしてみ？　簡裁で相談してみ？」というアドバイスの仕方（あしらい方）をしている人が少なからずいるようです。

　裁判所に訊いてもらって良い内容と、専門家として答えなければいけない内容を区別せず、処理を丸投げするような対応は慎んだ方がいいよねというお話。

法律相談時の留意点

　ここまでで、法律相談のイメージと流れをつかんで頂けたかと思います。

　もうこれで十分な気もするのですが、せっかくなので第3章ではより具体的・実践的に、相談の現場で留意しておくべき19のポイントについて説明します。

1 当事者と利害関係

　法律相談の入口で特に強く意識しておいた方がよいことが三つあります。当事者、利害関係、そして時効・除斥期間などの期間制限です。本項ではまず、当事者と利害関係上の留意点についてお話しします。

❶ 「紛争の当事者」が誰かを確認する

　まず問題となっている事案の「当事者」が誰かを、的確に把握しなければなりません。これは、**紛争の当事者が誰かという問題**です（ここでの「当事者」は「本来、何かを請求し、請求される立場にある者」程度の意味で捉えてください）。

　例えば、交通事故で被害を受けたという相談者が来たとします。

　その事故で相談者がケガをしている場合、その人身損害の賠償請求という点では、その相談者は「当事者」といえそうです。

　ところが、事故によって相談者が運転していた車が壊れてしまったという場合であればどうでしょうか。

　「修理費用と代車費用を請求したい。できれば評価損も」と訴える相談者の話にそのまま乗っかってもよいものでしょうか。

　その車が誰かから借りたものだったら？　所有権留保付車両でまだローンの支払いが終わっていなかったら？　勤務先の営業車だったら？　しかもリース車両だったら？　相談者が盗んだものだったら？

　どの場合も誰が賠償請求権者なのか、少し検討が必要になりそうです（最後の例だけは、少し毛色が違う感じですね）。

　ともあれ、**「相談しに来ている人が事件の当事者とは限らない」**という点は、常に頭に置いておかなければなりません。

　また、これと同じで、**「相談者が考えている相手方（だけ）が事件の当事者とは限らない」**という点も重要です。

知識と経験とリーガルマインドを駆使して事案を分析すると、相談者が想定している者への請求が立たなかったり、逆にそれ以外の者に対しても同時に請求すべきであったりと、いろいろな場合が考えられます。

　この「当事者」の確認が必要になるのは、言うまでもなく、それが請求が成り立つか否かを考える上でもっとも基本のことがらだからです。

❷ 利害関係の有無を確認する

　相談を受けていて「あれ？　この話どこかで聞いたような気がする」と感じたことはありませんか。そのときは要注意です。

　弁護士、司法書士は、それぞれ利害が対立する事件については「職務（業務）を行ってはならない」と定められています（弁護25条、司法22条）。

　「職務」は、弁護士法3条にいう法律事務を行うことを指しますので、法律の専門家として法律相談を受けることも含まれます。

　そのため、相談者が自分が既に依頼や相談を受けたケースの相手方であることがわかった時点で、利害関係が抵触することを説明し、相談を差し控えなければいけません。

　運悪くして両方の話を聞いてしまった場合、結局、両方とも受任を諦めざるを得なくなります（第6章❶で詳しく述べます）。

2 大丈夫？ 時効、除斥期間、出訴期間

　法律相談の入口の問題点として、より重要なものに時効、除斥期間、出訴期間等があります。

❶ 時効などに注意

　誰かに何かを請求したいと相談を受けた場合、**必ず時効、除斥期間、出訴期間その他の期間制限にかからないかを確認**します。

　法律相談でよく問題になるのは、不法行為の消滅時効の他、上訴期間、詐害行為取消権の消滅時効、相続放棄の熟慮期間、遺留分侵害額請求や財産分与請求の時効・除斥期間などでしょうか。少し変わったものでは、相続税の申告・納付期限などもあります（⇨ P.104 資料**3**は、法律相談で問題となることの多い時効や除斥期間、出訴期間等の期間制限を期間ごとに整理したものです）。なお、請求権の時効・除斥期間については、後記のとおり今次の債権法改正で大きく整理されていますので、必ず確認して下さい。

　期限を超えると権利行使ができなくなるなどのキツいペナルティが課せられるため、この時間的な制約は、あなたが手持ち業務の処理の優先順位を決める上でももっとも重要なファクターになります。

　法律相談の場面でも、相談者の希望する権利行使がこれらの期間制限にかかりそうなときには、必ず相談者に指摘して注意を喚起し、とるべき対応も指示してあげなければなりません。

　そのためには、あなた自身が**期間制限の種類や起算日、満了日についての正確な知識**を持っておく必要があります。

❷ 消滅時効

　権利の消滅時効は、請求権の発生原因や内容によって期間もまちま

ちです。債権法改正でかなり整理されましたが、それぞれ該当の条文に一度は目を通しておきたいところです。

　相談者が請求する立場であれば、聴取した事情からまず請求の根拠（請求原因となる事実）を確定し、期間制限の起算日、本来の満了日のアタリを付けます。

　例えば交通事故の場合、債権法改正により人身損害の賠償請求は時効期間が伸長されましたが（新民167条、新民724条の2）、物的損害の賠償請求を考慮すると、なお事故発生日から3年後があなたがまず意識しておくべきラインとなります（民724条参照）。

　実際には、「損害及び加害者を知った時」と事故日とがズレることもありますが、時効期間の管理という点からは固めに考えるクセをつけておくべきです。

　債務の承認（新民152条1項）など、時効更新・完成猶予事由となる事実がないかどうかも大切ですが、やはり時効管理の上では安全を重視し、**本来の時効期間を意識してアドバイスしておくべき**でしょう。

　時効期間満了が迫っているようであれば、相談者に満了日がいつか、それまでに（あるいはそれ以後に）、どのような事情があればなお権利行使が可能になるかなどを、アドバイスします。

　先の交通事故の例でいうと、加害者側からの治療費の立替払いや具体的な示談案の提示等、債務の承認と評価できる事実があれば、問題はありません。ですが、これらがない場合には、加害者側に示談案（賠償案）の提示を求めたり、あるいは早期に裁判上の請求をしたりといった対応が必要になることを説明します。

　逆に相談者が請求される立場であれば、時効が完成しているのではないかという批判的な視点から、更新・完成猶予事由の有無や（時効完成後の）時効利益の放棄にあたる事実の有無を精査することになります。

　格別の時効更新・完成猶予事由もなく、消滅時効が完成していることが明らかなケースなのに、相談者に時効利益の放棄につながるようなアドバイスをしてしまったとしましょう。その結果、相談者が時効

を援用しないまま時効にかかっているはずの売買代金を支払ってしまったとしたら？

　アウトかアウトじゃないかでいうと完全にアウトですよね（ちなみに、消滅時効の完成を看過した受任弁護士が、和解的解決を内容とする答弁書を提出して時効援用権を喪失させ、責任を問われたケースがあります）。

❸ 時効と除斥期間の違いを知っておく

　請求権の消滅時効に似た概念に除斥期間というものがあります。

　時効の更新のような**権利行使期間を伸長する制度がなく**、効力発生のために権利行使を受ける者の**援用が必要ない**という点が重要です。

　ポピュラーなところでは、財産分与請求権（民 768 条 2 項）や盗品・遺失物の回復請求権（同 193 条）などが除斥期間であるとされ、所定の期間を経過するだけで権利行使ができなくなります。

　除斥期間は、消滅時効期間よりも短く設定されているものも多く、しかもその期間を伸ばす手段がないのですから、期間満了が差し迫っていると、相談を受ける側もそれなりのプレッシャーを感じます。

　同じだけの危機感を相談者にも持ってもらえるよう、期間満了日を経過すると権利行使ができなくなることを、丁寧に説明しましょう。

　ちなみに、除斥期間のある権利の行使については、裁判外で当該権利を特定し、かつ金額を明示して請求すれば足り、**期間内に裁判上の請求を行うまでの必要はない**とするのが判例です（大判昭和 8 年 2 月 8 日・大民集 12・60）。普通に考えると、この請求は内容証明郵便の形でしておくべきということになりそうですね。

❹ 申立て期間、出訴期間など

　裁判手続の一部では、出訴期間や申立て期間が定められていることがある、ということも知識として知っておきましょう。

　株主総会決議取消の訴えや行政処分等の取消訴訟では、法的安定性の早期確保の要請が強いため、出訴期間も 3 ヶ月や 6 ヶ月というよう

に短めに設定されています。争われる内容がやや専門的で難しいものとなることも多いので、訴訟提起に必要となる情報や証拠の内容、それらをどのような方法でいつまでに確保するのかを早期に見極めないといけないという難しさがあります。

❺ 必要に応じて対応を変える

純粋に「法律相談を受けるだけ」であれば、**期間算定の起算日や満了日（時効完成日、期限の終期など）を確定できるだけの情報を相談者から聞き出し、定められた期間内に適切な処置をとるよう注意喚起を行うことができれば足りる**はずです（その分、自分が受任して手続を行うよりは負担感はかなり低いはずです）。

ところが、タイムリミットが迫っているものの、相談者自身で期限内に適切な権利行使ができそうにない場合には、あなたが相談者に代わって処理に当たるということも検討しなければなりません。

注意すべき時効・除斥期間・出訴期間その他の制限

┌─────────────────┐
│　 14 日（二週間）　│
└─────────────────┘

◆**【民事】控訴・上告等期間**（判決書等の送達を受けた日から 2 週間の不変期間）民訴 285 条、313 条、318 条 5 項

◆**【刑事】控訴・上告期間**（判決宣告の日から 14 日）刑訴 373 条、414 条

◆**支払督促への異議申立て**（債務者が支払督促の送達を受けた日から 2 週間）民訴 387 条

※ただし、2 週間経過後も仮執行宣言前であれば督促異議の申立ては可能（民訴 390 条）

◆**不成立等となった民事調停の申立時の時効完成猶予・更新の効果発効に必要な訴え提起の期間**（調停の不成立による終了又は、17 条決定が異議申立てによって効力を失った旨の通知を申立人が受けた日から 2 週間）民事調停法（民調法）19 条

◆**不成立等となった家事調停の申立時の時効完成猶予・更新の効果発効に必要な訴え提起の期間**（調停の不成立による終了の通知を申立人が受けた日から 2 週間）家事事件手続法 272 条 3 項

┌─────────────┐
│　　 1 ヶ月　　│
└─────────────┘

◆**共同相続人による第三者への相続分取戻請求**（相続分譲り渡しの時から 1 ヶ月）民 905 条 2 項

※価額及び費用の償還が必要

◆**占有者に対する家畜以外の動物の回復請求**（その動物が飼主の占有を離れた時から 1 ヶ月）民 195 条

┌─────────────┐
│   2 ヶ月   │
└─────────────┘

◆**債権者による保証人への主債務者期限の利益喪失の通知**（主債務者の期限の利益喪失を知った時から 2 ヶ月）民 458 条の 3 第 1 項

◆**抵当権消滅請求を受けた債権者の競売申立て**（抵当不動産の第三取得者が消滅請求通知を受けた時から 2 ヶ月）民 383 条

┌─────────────┐
│   3 ヶ月   │
└─────────────┘

◆**遺失物の所有者の権利主張**（遺失物法に基づく公告から 3 ヶ月）民 240 条

◆**期間が 5 年を超えた無期雇用契約の解除の予告期間**（使用者は主張する解除日の 3 ヶ月前、労働者は主張する解除日の 2 週間前）民 626 条 2 項

◆**離婚時の婚氏続称の届出**（離婚の日から 3 ヶ月）民 767 条 2 項

◆**株主総会等決議取消の訴えの出訴期間**（決議の日から 3 ヶ月）会社法 831 条

◆**相続の単純承認、限定承認、放棄の申述期間**（自己のために相続の開始があったことを知った時から 3 ヶ月）民 915 条 1 項本文

※家庭裁判所による伸長可（民 915 条 1 項但書）

◆**相続債権者・受遺者による財産分離請求**（相続開始の時から 3 ヶ月）民 941 条 1 項前段

※相続財産が相続人の固有財産と混合しない間は、なお請求可能。民 941 条 1 項後段

◆**特別縁故者に対する財産分与の申立て**（相続人捜索の公告期間〈最低 6 ヶ月、民 958 条〉の満了の時から 3 ヶ月）民 958 条の 3 第 2 項

◆**天災等による時効の完成猶予**（天災その他避けることのできない事変による障害が消滅した時から 3 ヶ月）民 161 条

◆**催告による時効の完成猶予**（催告があった時から6ヶ月）民150条1項

※再度の催告による時効完成猶予の効果は生じない（民150条2項）

◆**相続財産に関する時効の完成猶予**（相続人が確定した時、管理人が選任された時、又は破産手続開始の決定があった時から6ヶ月）民160条

◆**抵当権者に対抗できない建物賃借人の、競落人に対する建物引渡猶予期間**（競売における買受人の買受けの時から6ヶ月）民395条1項

◆**相続の承認・放棄の取消し**（追認をすることができる時から6ヶ月）民919条3項前段

※相続の承認又は放棄の時から10年を経過したときも取消し不可（民919条3項後段）

◆**行政処分の取消訴訟の出訴期間**（短期：処分又は裁決があったことを知った日から6ヶ月）行政事件訴訟法14条1項本文

※ただし、正当な理由があるときはこの限りでない（行政事件訴訟法14条1項但書）

※処分又は裁決の日から1年を経過したときも提起できない（行政事件訴訟法14条2項本文）（ただし、正当な理由があるときはこの限りでない。行政事件訴訟法14条2項但書）

◆**新株発行無効確認の訴え（公開会社）の出訴期間**（株式の発行の効力が生じた日から6ヶ月）会社法828条1項2号

※非公開会社では1年

※決議取消事由があることを無効原因として主張する場合には、会社法831条の趣旨から、3ヶ月以内の提訴が必要（多数説）

◆**自己株式の処分無効確認の訴え（公開会社）の出訴期間**（自己株式の処分の効力が生じた日から6ヶ月）会社法828条1項3号

※非公開会社では1年

◆**新株予約権の発行無効確認の訴え（公開会社）の出訴期間**（新株予約権の発行の効力が生じた日から6ヶ月）会社法828条1項4号

※非公開会社では1年

┌─────────────┐
│   10 ヶ月   │
└─────────────┘

◆**相続税の申告・納付期限**（相続の開始があったことを知った日の翌日から 10 ヶ月）相税 27 条 1 項、33 条

┌─────────────┐
│   1 年   │
└─────────────┘

◆**新株発行無効確認の訴え（非公開会社）の出訴期間**（株式の発行の効力が生じた日から 1 年）会社法 828 条 1 項 2 号

※公開会社では 6 ヶ月

※決議取消事由があることを無効原因として主張する場合には、会社法 831 条の趣旨から、3 ヶ月以内の提訴が必要（多数説）

◆**新株予約権の発行無効確認の訴え（非公開会社）の出訴期間**（新株予約権の発行の効力が生じた日から 1 年）会社法 828 条 1 項 4 号

※公開会社では 6 ヶ月

◆**土地の短期賃貸借の更新**（期間満了前 1 年以内）民 603 条

◆**保険料を請求する権利**（行使しうる時から 1 年）保険法 95 条 2 項

◆**嫡出否認の訴えの出訴期間**（夫が子の出生を知った時から 1 年）民 777 条、775 条

◆**遺留分侵害額請求（遺留分減殺請求）**（遺留分権利者が、相続の開始及び遺留分を侵害する贈与又は遺贈があったことを知った時から 1 年）民 1048 条前段

※相続開始の時から 10 年を経過したときも行使できなくなる（民 1048 条後段）

◆**行政処分の取消訴訟の出訴期間（長期）**（処分又は裁決の日から 1 年）行政事件訴訟法 14 条 2 項本文

※ただし、正当な理由があるときはこの限りでない（行政事件訴訟法 14 条 2 項但書）

※処分又は裁決があったことを知った日から 6 ヶ月を経過したときも提起できない（行政事件訴訟法 14 条 1 項本文）（ただし、正当な理由があるときはこの限りでない。行政事件訴訟法 14 条 1 項但書）

◆**使用貸借・賃貸借終了後の貸主の損害賠償請求及び借主の費用償還請求**（貸主が返還を受けたときから 1 年）民 600 条、621 条

◆**会社の設立無効確認の訴えの出訴期間**（会社の設立の日から 2 年）会社法 828 条 1 項 1 号

◆**債権者取消権（詐害行為取消権）の出訴期間（短期）**（債務者が債権者を害することを知って行為をしたことを債権者が知った時から 2 年）民426 条前段

※行為の時から 10 年を経過したときも取り消せなくなる（民 426 条後段）

※取消権行使には訴え提起が必要（民 424 条 1 項）

※旧法下では 20 年の除斥期間が定められていたが（旧民 426 条後段）、平成 29 年法律第 44 号により期間が 10 年に短縮され、出訴期間として整理された（民 426 条後段）

◆**【旧】労働者の賃金請求権、災害補償その他の請求権**（行使しうる時から 2 年）旧労働基準法 115 条

※令和 2 年法律第 13 号により賃金の請求権については改正（→ 5 年）

◆**財産分与の請求**（離婚の時から 2 年［除斥期間］）民 768 条 2 項

◆**盗品・遺失物の回復請求権**（盗難又は遺失の時から 2 年［除斥期間］）民 193 条

◆**労災保険法上の療養（補償）給付・休業（補償）給付、葬祭給付（葬祭料）、介護（補償）給付等**（行使しうる時から 2 年）労災保険法 42 条 1 項

◆**【旧】平成 22 年 3 月 31 日以前に発生した交通事故の自賠責保険金請求権（16 条請求）**（被害者等が損害及び加害者を知った時から 2 年）旧自動車損害賠償保障法 19 条

※平成 22 年 4 月 1 日以後に発生した交通事故は 3 年（自動車損害賠償保障法 19 条）

◆**【旧】不法行為に基づく損害賠償請求権**（被害者又はその法定代理人が損害と加害者を知った時から 3 年）旧民 724 条前段

※不法行為の時から 20 年を経過したときも請求できなくなる［除斥期間］（旧民 724 条後段）。

◆**不法行為に基づく損害賠償請求権（人身損害等を除く）の主観的時効期**
間（被害者又はその法定代理人が損害と加害者を知った時から 3 年）民
724 条 1 号

※人身損害では 5 年（民 724 条の 2）

◆**自動車損害賠償保障法に基づく被害者請求（16 条請求）**（被害者又はそ
の法定代理人が損害及び保有者を知った時から 3 年）自動車損害賠償保
障法 19 条、16 条 1 項

※事故が平成 22 年 3 月 31 日以前に発生したものである場合は、2 年（旧自動車損害
　賠償保障法 19 条）

※傷害による損害は事故発生日、死亡による損害は死亡の日、後遺障害に基づく損害
　は症状固定の日が、それぞれ時効の起算点となる。

※加害者請求（15 条請求）については、保険法が適用され、被害者に損害賠償金を支
　払った日から 3 年（自動車損害賠償保障法 23 条、保険法 95 条 1 項）

◆**自動車損害賠償保障法に基づく加害者請求（15 条請求）**（被害者に損害
賠償金を支払った時から 3 年）自動車損害賠償保障法 23 条、保険法 95
条 1 項

◆**自動車損害賠償保障法に基づく被害者の仮渡金請求**（被害者又はその法
定代理人が損害及び保有者を知った時から 3 年）自動車損害賠償保障法
19 条、17 条 1 項

※事故が平成 22 年 3 月 31 日以前に発生したものである場合は、消滅時効期間が 2 年
　となる。（旧自動車損害賠償保障法 19 条）

◆**【旧】弁護士（弁護士法人）の職務関連書類の返還義務**（事件が終了し
た時から 3 年）旧民 171 条

※司法書士についても同様に考えるべきとする見解がある（酒井『時効』30 頁）

※平成 29 年法律第 44 号により廃止

◆**保険給付を請求する権利、保険料の返還を請求する権利、保険料積立金**
の払戻しを請求する権利（行使しうる時から 3 年）保険法 95 条 1 項

※保険料を請求する権利は行使しうる時から 1 年（保険法 95 条 2 項）

◆**認知の訴え**（父又は母の死亡の日から 3 年）民 787 条但書

◆**不法行為に基づく損害賠償請求権（人身損害）の主観的時効期間**（被害者又はその法定代理人が損害と加害者を知った時から 5 年間）民 724 条の 2、724 条 1 号

※物的損害では 3 年（民 724 条 1 号）

◆**債務不履行に基づく損害賠償請求権の主観的時効期間**（権利を行使することができることを知った時から 5 年）民 166 条 1 項 1 号

◆**自動車損害賠償保障法に基づく運行供用者責任の主観的時効期間**（被害者又はその法定代理人が損害と加害者を知った時から 5 年間）自動車損害賠償保障法 4 条、3 条、民 724 条の 2、724 条 1 号

◆**【旧】商行為により生じた債権**（行使しうる時から 5 年）旧商法 522 条

※平成 29 年法律第 45 号により廃止

◆**民法上の取消権（短期）**（追認をすることができる時から 5 年）民 126 条前段

※行為の時から 20 年を経過したときも取消権は行使できなくなる（民 126 条後段）

◆**相続回復請求権（主観的時効期間）**（相続人又はその法定相続人が相続権を侵害された事実を知った時から 5 年）民 884 条前段

※相続開始の時から 20 年を経過したときも請求できなくなる［除斥期間］（民 884 条後段）

◆**金銭の給付を目的とする国の権利、国に対する金銭の給付を目的とする権利**（行使しうる時から 5 年）会計法 30 条

◆**期間の定めなき買戻し特約に基づく不動産の買戻し**（売買の時から 5 年）民 580 条 3 項

◆**労働者の賃金・退職手当の請求権**（行使しうる時から 5 年）労働基準法 115 条

◆**労災保険法上の障害（補償）給付・遺族（補償）給付等**（行使しうる時から 5 年）労災保険法 42 条 1 項

◆**債務不履行に基づく損害賠償請求権（人身損害以外）の客観的時効期間**
（権利を行使することができる時から 10 年）民 166 条 1 項 2 号

◆**定期金債権の主観的時効期間**（債権者が定期金の債権から生ずる金銭その他の物の給付を目的とする各債権を行使することができることを知った時から 10 年）民 168 条 1 項 1 号

◆**【旧】非商事債権**（行使しうる時から 10 年）旧民 167 条 1 項

　※取締役の対第三者責任について判例は 10 年の消滅時効にかかるとする（最判昭和49 年 12 月 17 日・判時 690・85）が、5 年とすべきとする見解もある（酒井『時効』57 頁）

　※信用金庫（非商人）の貸金債権は非商事債権として 10 年の消滅時効にかかる一方、借主が商人である場合には商事債権となり、時効期間は 5 年となるものとされていた（旧商法 522 条、商法 3 条 1 項）

　※平成 29 年法律第 44 号により、主観的時効期間（5 年）・客観的時効期間（10 年）の規律に改められた（民 724 条の 2、724 条、166 条 1 項 2 号）

◆**判決、裁判上の和解、調停その他確定判決と同一の効力を有するものによって確定した債権**（確定の時から 10 年）民 169 条 1 項

　※確定の時に弁済期の到来していない債権は除く（民 169 条 2 項）

◆**債権者取消権（詐害行為取消権）の出訴期間（長期）**（行為の時から 10 年）民 426 条後段

◆**不法行為に基づく損害賠償請求権の客観的時効期間**（不法行為の時から20 年間）民 724 条 2 号

　※旧法下の規定（旧民 724 条後段）では除斥期間と解されていたが、平成 29 年法律第 44 号により客観的時効期間として整理された

◆**債務不履行に基づく損害賠償請求権（人身損害）の客観的時効期間**（権利を行使することができる時から 10 年）民 167 条、166 条 1 項 2 号

◆**自動車損害賠償保障法に基づく運行供用者責任の客観的時効期間**（不法行為の時から 20 年間）自動車損害賠償保障法 4 条、3 条、民 724 条 2 号

◆**定期金債権の客観的時効期間**（債権者が定期金の債権から生ずる金銭その他の物の給付を目的とする各債権を行使することができる時から20年）民168条1項2号

◆**債権又は所有権以外の財産権**（行使することができる時から20年）民166条2項

※抵当権は、債務者・抵当権設定者に対する関係では被担保債権と同時でなければ時効消滅しないことに注意（民396条）

◆**民法上の取消権（長期）**（法律行為の時から20年）民126条後段

※除斥期間とする見解あり。

※「追認をすることができる時から5年」の経過によっても取消権行使はできなくなる（民126条前段）

◆**【旧】債権者取消権（詐害行為取消権）の除斥期間**（行為の時から20年）

※取消の原因を知った時から2年の経過によっても取消権行使はできなくなるとされていた（旧民426条前段）

※平成29年法律第44号により期間が10年に短縮され、かつ出訴期間として整理された（民426条後段）。旧民426条後段

◆**相続回復請求権の除斥期間**（相続開始の時から20年）民884条後段

※相続人又はその法定代理人が相続権を侵害された事実を知った時から5年を経過したときも請求できなくなる（民884条前段）

注　意

◆債権法改正（平成29年法律第44号）により、旧法下の特別な短期消滅時効（旧民170～174条の2）や商法上の消滅時効の特例（旧商法522条）は廃止され、債権の消滅時効の起算点・期間について、「権利を行使することができることを知った時から5年」という主観的消滅時効、「権利を行使することができる時から10年」という客観的消滅時効の二本立てとされ、いずれかが経過した場合に債権が時効消滅するものと整理された（民166条1項）。

◆不法行為に基づく物的損害の賠償請求権は、新法下でも「被害者又はその法定代理人が損害及び加害者を知った時から3年」あるいは「不法行為の時から20年」である（民724条）。

◆人の生命・身体の侵害による損害（人身損害）の賠償請求は、被害者保護のため、債務不履行の場合の客観的時効期間を20年に伸長し（民167条）、一方、不法行為の場合では「3年」（民724条）が5年に伸長される（民724条の2）。その結果、人身損害については、債務不履行責任、不法行為責任のいずれによっても「5年、20年」という時効期間が適用されることになる（ただし、法文上、起算日の表現が異なることに注意）。

◆債権又は所有権以外の財産権が「権利を行使することができる時から20年間行使しないとき」に時効消滅する点は旧法下（旧民167条2項）と同様である（民166条2項）。その典型例は地上権、永小作権、地役権等の用益物権である。

◆所有権は消滅時効にかからず、また占有権、留置権、相隣権、共有物分割請求権など、一定の事実・法律関係があれば認められ、それらが失われれば消滅する権利は、行使しなかったとしても消滅時効にはかからない。身分権や親族権も相続回復請求権（民884条）や相続の承認・放棄の取消権（民919条3項）など財産的色彩の強いものを除き、消滅時効にはかからない。

◆旧法下の「時効の中断」は、時効の完成を猶予する効果を有する「完成猶予」と時効を新たに進行させる効果を有する「更新」に改められ、一方、旧法の「時効の停止」は「完成猶予」とされた（民147〜152条、158〜161条）。

◆裁判上の請求や支払督促、訴え提起前の和解（民訴法275条1項）、民事・家事調停、破産・再生・更生手続への参加は、その事由が終了するまでの間は時効が完成せず、確定判決等によって権利が確定したときは、その事由が終了した時から新たに時効が進行を始める（確定判決等で確定した権利の時効期間は最低10年となる。民169条1項）。一方、確定判決等によって終了しなかった場合でも、その終了の時から6ヶ月間は時効が完成しない（民147条1項）。

◆強制執行、担保権の実行、留置権実行の競売・形式的競売、民事執行法上の財産開示手続・第三者からの情報取得手続は、その事由が終了するまでの間は時効が完成せず、その事由が終了した時から新たに時効が進

行を始める。一方、取下げや手続規定違背等による取消しで終了した場合でも、その終了の時から 6 ヶ月間は時効が完成しない（民 148 条 1 項）。

◆旧法下で時効中断事由とされていた仮差押え・仮処分については、時効の完成猶予（その終了から 6 ヶ月間）の効果しかないものとされた（民 149 条）。

◆催告があったときは、その時から 6 ヶ月を経過するまでの間は時効は完成しないが、これを繰り返すことで時効の完成猶予を重ねて行うことはできない（民 150 条）。協議を行う旨の合意による時効完成猶予期間中の催告ではさらなる完成猶予の効果は認められない（民 151 条 3 項）。

◆当事者間で権利についての協議を行う旨の合意が書面や電磁的記録をもって行われた時は、合意の時から 1 年を経過した時、当事者が定めた協議期間、当事者の一方が他方に協議続行を拒絶する旨の書面ないし電磁的記録による通知をした時から 6 ヶ月を経過した時、のいずれか早い時まで、時効の完成が猶予される。ただし、催告による時効完成猶予期間中の合意ではさらなる完成猶予の効果は認められず、また、協議の合意による完成猶予期間は本来の時効完成時から総じて 5 年を超えることもできない（民 151 条）。

◆債務者による権利の承認は時効更新の効果を有するが（民 152 条 1 項）、債権者又はその代理人に対して表示されなければならず、第三者に対して行われても時効更新の効果は生じない（大判昭和 14 年 5 月 12 日昭 13（オ）2436 号）。

◆時効期間満了前 6 ヶ月以内に法定代理人がいない未成年者・成年被後見人については、同人が行為能力者となった時、又は法定代理人が就職した時から 6 ヶ月を経過するまでは時効は完成しない（民 158 条 1 項）。その財産を管理する父母や後見人に対して有する未成年者・成年被後見人の権利についても、同人が行為能力者となった時、又は後任の法定代理人が就職した時から 6 ヶ月を経過するまでは時効は完成しない（同 2 項）。

◆夫婦の一方が他方に対して有する権利は、婚姻の解消の時から 6 ヶ月を経過するまでの間は時効は完成しない（民 159 条）。

◆相続財産に関しては、相続人が確定した時、管理人が選任された時又は破産手続開始の決定があった時から6ヶ月を経過するまでの間は、時効は完成しない（民160条）。

◆時効期間満了時の天災その他避けることのできない事変によって、裁判上の請求等（民147条1項各号）や強制執行等（民148条1項各号）が行えなかった場合は、その事変による障害が消滅した時から3ヶ月を経過するまでの間は時効は完成しない（民161条）。

◆定期金債権は、債権者が定期金の債権から生ずる金銭その他の給付の各債権を行使することができると知った時から10年間行使しないとき、あるいは、各債権を行使することができる時から20年間行使しないときに、時効によって消滅する（民168条1項）。

◆留置権の行使は、被担保債権の消滅時効の進行を妨げることはできない（民300条）。

◆申し立てた民事調停が不成立（民調法14条）となったときや17条決定に対する適法な異議の申立て（同18条）があったとき、その旨の通知を申立人が受けた日から2週間以内に、調停の目的となった請求について訴えを提起したときは、調停の申立の時に訴えの提起があったものとみなされ、時効の完成猶予や更新の効果（民147条）が生じる（民調法19条）。このとき、調停時に納めた手数料額が訴訟提起時の手数料額から控除される（民事訴訟費用等に関する法律5条）。
※家事調停についても同様の規定がある（家事事件手続法272条3項）

相談時に押さえておきたい期間計算

❶ 法律上の「期間」を理解する重要性

　「期間」とは、**ある時点からある時点までの時間の継続**をいいます（有斐閣『法律学小辞典（第 5 版）』179 頁）。法律の世界では、時効や除斥期間、契約で定められた期間、身柄拘束の期間など、「期間」が問題となる場面は非常に多く、権利や義務の効力の終わりや何らかのアクションを起こす時間的限界を画する重要な役割を果たします。

　その分、法律相談で問われることも多く、これを間違えることは相談者や依頼人、ひいてはその相談・依頼を受けたあなた自身にも弁護過誤などの大きな不利益をもたらしかねません。本項では、法律相談において問題になりやすい期間を整理していきます。

❷ 押さえておきたい民事上の期間計算の規律いろいろ

・民事上の「期間」は、民法の 139 条以下で具体的なルールが定められており、法令上特別の定めがない限り、**行政手続にも適用**される。

・民事上の期間が時間で定められる場合（車やオフィスルーム等のレンタル契約など）、これは「即時から」、つまり、その開始のときから直ちに起算される（民 139 条）。ここでいう「時間」は「時、分、秒」を含むので、例えば「午前 9 時 15 分 20 秒から 6 時間」と定めたとすると、午前 9 時 15 分 20 秒から始めて 6 時間後である午後 3 時 15 分 20 秒を経過することで期間満了となる。

・日や週、月、年での期間計算では、「期間の初日は算入しない」（初日不算入の原則。民 140 条）。つまり、期間が一日の途中から始まる場合に **24 時間に満たない初日の時間は切り捨てられる（以**

下のとおり例外あり）。

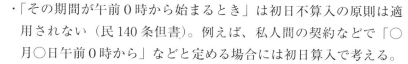

- ・「その期間が午前 0 時から始まるとき」は初日不算入の原則は適用されない（民 140 条但書）。例えば、私人間の契約などで「○月○日午前 0 時から」などと定める場合には初日算入で考える。

- ・期間の初日が令和 4 年 4 月 1 日であったとしても、**初日不算入の場合には「起算日」は**（算入されない 4 月 1 日ではなく）**4 月 2 日になる**。つまり、初日不算入のときは「期間の初日」と「起算日」とがズレる。一方、初日算入の場合は「起算日」も 4 月 1 日なので、「期間の初日」と一致する。ここを間違えると暦による期間の計算（民 143 条）の理解を間違えてしまうため注意が必要。

- ・準備書面などで取得時効の主張をするとき、占有開始日を「起算日」と言及しがちだが、（占有開始がその日の午前 0 時から始まったという特殊な主張をするのでない限り）それは占有開始日、期間の初日ではあっても、正確には「起算日」ではない。例えば、令和 4 年 4 月 1 日を占有の開始日とし、その日からの時効期間を主張するのであれば、占有開始日・期間の初日はどちらも令和 4 年 4 月 1 日だが、時効の起算日は通常、令和 4 年 4 月 2 日である。

- ・期間は、「その末日の終了をもって満了する。」（民 141 条）。期間の最後の日もその全部が期間内であるために、その日が完全に終わりきらないと時効完成や履行遅滞、期限の利益喪失といった効果が生じない（ただし、初日算入か初日不算入かで末日は異なる）。

- ・例外として、期間の末日が日曜日、祝日その他の休日にあたるときで、かつ「その日に取引をしない慣習がある場合に限り」、期間はその翌日に満了する（民 142 条）。例えば、期間の最終日が日曜だったとすると、その期間の満了は平日である翌日・月曜日の深夜 12 時まで持ち越される（仮に月曜日も祝日であれば、さらに火曜日の深夜 12 時まで持ち越される）。

- ・民法上のルールでは「土曜日」や（1 月 1 日以外の）年末年始が含まれていないが、民事訴訟手続上の期間計算（上訴期間など）については、期間の末日が土日や祝日、あるいは 12 月 29 日から

1月3日までの日にあたる場合にも「その翌日に満了する。」とされる(民訴95条3項。ただし、1月1日はもともと国民の祝日)。

・期間を週、月又は年によって定めたときは、その期間は「暦に従って」(民143条1項)、すなわち「1ヵ月や1年を構成する日数のばらつきは無視し、応当日で考える」。このため、4月5日から6ヶ月後(10月5日まで初日不算入で183日)と5月5日から6ヶ月後(11月5日まで初日不算入で184日)とでは、日数は異なるが同じく「6ヶ月」になる。

・「週、月又は年の初めから期間を計算しないとき」には、期間満了は「月又は年においてその**起算日に応当する日の前日に満了**する。」(民143条2項本文。ここで「週、月又は年の初めから期間を計算するとき」が除かれているのは、その場合、応当日を云々するまでもなく最終の週、月、年の最終日を満了日とすればよいからだろう)。ただし、月や年で応当日が見つからない場合にはその月の末日に満了する(同項但書)。この結果、例えば、5月31日の4ヶ月後は9月30日となり、令和6年2月29日の1年後は令和7年2月28日となる。

❸ 刑事上の期間計算の規律いろいろ

刑事手続上の「期間」については、刑事訴訟法55条に以下のような一般的ルールが置かれている。

・時で計算するものは、即時から起算し、日、月、又は年で計算するものは初日不算入とする(ただし時効期間の初日は、時間を論じないで一日として計算する)。

・月及び年は、暦に従って計算する。

・期間の末日が土日祝、あるいは12月29日から1月3日までの日にあたるときは期間に算入しない(時効期間は除く)。

・公訴時効の期間という被疑者・被告人の利益に関わる期間計算については、それらの者に有利となるよう、初日算入、土日祝等の末日も算入という形だが、それ以外は以上にみた民事上の期間計

算と非常によく似ている（「週による期間計算」が挙げられていないのは、刑事訴訟手続では週は用いられないからで、上訴等の期間も民事と異なり「二週間」ではなく「十四日」）。

・少年事件で問題となる「週による期間計算」（少年法 17 条 3 項など）や「月、年による期間計算」で応当日がない場合、以上に見た民法 143 条の定めによるべきと解釈されている。

・被疑者勾留の期間制限（勾留の請求をした日から 10 日以内。刑訴 208 条 1 項）については、**明文規定は無い**ものの、公訴時効期間（同 55 条 1 項、3 項）と同様に取扱い、**勾留請求のなされた初日や土日祝等にあたる末日も算入される**という解釈が確立している。例えば、12 月 21 日の午後 9 時に勾留請求がなされた事案では、同日を 1 日目として数え、10 日目にあたる 12 月 30 日の深夜 12 時の経過で勾留期間が満了することになる（⇨第 4 章 **2** 参照）。

・刑事手続における上訴の提起期間は「十四日」であり（刑訴 373 条、414 条）、この期間は裁判が告知された日から進行する（同 358 条）。この期間についても、告知の初日を算入せず（同 55 条 1 項）、その翌日から起算し、その 14 日後の深夜 12 時の経過を持って期間満了となる（大決大正 13 年 4 月 26 日・大刑集 3・368）。もっとも、上訴申立て自体は、上訴提起期間に算入されない判決告知日当日にも可能である。

期間制限と証拠の真正に関する綱渡りは「落ちたら即死」なのであまりお勧めできない。

4 あなたの価値観を押しつけない

　例えば、不貞慰謝料の賠償請求の相談で、あなたが相談者に「不貞を働いたのは悪いことだ」と指摘したとしましょう。これは**相談の聴き手として**適切だといえるでしょうか。

　私は、相談者が不貞をされた側であれば適切だし、不貞をした側であるならば不適切だと思います。

❶ 必要なのは少しの想像力

　「相談者、依頼者であっても、間違っていることは間違っていると正しく指摘してあげるのが法律家のあるべき姿だ」というようなことを言う人ってときどきいますよね。私の周りで言うと、経験の浅い弁護士や司法修習生、学生に多いような気がします。

　でも本当にそうなのでしょうか。

　少なくとも法律相談に限って言えば、私は**「違う」**と思います。

　相談者は、**自分の味方になってくれる人を探しに相談に来ている**わけです。

　特に、客観的に分のない立場に立たされている人ほど、相談に来るまでに相手方や家族、周囲の人たちからの批判や非難でダメージを受けていることが多いのです。

　そんな状態で、命からがらようやく相談室にたどり着いた相談者に、あなたが是々非々で上からモノを申し渡す態度だったとしたら、相談者はどう感じるでしょうか。

　たとえ関西人でなくても「何であんたにまでそないなこと言われなあかんのや！」と思ってしまいますよね、普通。

　こうなってしまうと、受任につながるどころか、法律相談自体がうまくいくかどうかすら怪しいものです。

また、客観的に見ると、「ちょっとそれはあなたが悪いんじゃないの？」と突っ込まずにいられないような立ち位置の相談者にも、**その人なりの言い分**はあるものなのです。

だったら、それに耳を傾けてみましょう。そういう仕事なんだから。

❷ 価値観というものの正体

人は誰でも、自分の持っている価値観は、他人も同じように共有してくれる（あるいは、共有するべきだ）と考えがちです。これは特に「成功している」といわれる人に多い傾向ですが、こと「法律相談」という場面ではやや危険な考え方です。

「右後方を確認せずにいきなり転回したあなたの運転は、無謀で危険極まりない行為だ」

「これまで一切親の世話をしていなかったあなたが、これほどの相続分を主張することはおこがましいことだ」

「これはご主人の相続権の問題であり、あなたの問題ではない」

「これだけミスが多いのなら、解雇されても文句は言えませんよ」

どれもそれなりにもっともらしい言い分のように聞こえますが、相談者にとってみれば、あまり愉快な指摘ではありません。

相談者や依頼者が求めるのは、客観的な正しさではなく、自分の言い分や価値観をどれだけ汲んでくれているかなのです（それでもたいてい「自分の方が客観的にも正しい」と思っているわけですが）。

法的紛争は価値観と価値観のぶつかり合いですが、これが相談者と相談の聴き手、依頼者と受任者の間でも生じてしまうようでは、およそ信頼関係の醸成などできようはずがありません。

❸ ではどうすればいいのか？

「あなたと相談者とで価値観が異なるとき、正しいか正しくないかは別として、あなたが一方的に自分の価値観を押しつけるのは良くないんじゃないの？」という話をしました。

かといって、相談者の言い分が一般に理解されにくいものの場合、

相談者に都合のいいことばかりを言っていても、何の解決にもなりません。

　では、どのように対応すればよいのでしょうか。

　「あなたの価値観」を押しつけるからいけないのであって、「あなた以外の者の価値観」であれば、相談者の受け止め方は随分違うはずです。そして、あなたが対立する態度を示すことなく、相談者自身に「違う価値観を持つ人もいるのだ」ということを悟らせることができれば、御の字です。

　そこで、「あなたはそう思うかもしれないが、私の意見は違う」と真正面から切り捨てるのではなく、**「あなたはそう思うかもしれないし、私もそう思う。でも世間はそうは思わないかもしれない」**というアプローチに変えてみてはいかがでしょうか。

　このとき、**あなたが腹の中で実際にどう思っているかは、全く関係がありません。**

　あなたと相談者の意見が一致しているかどうかではなく、相談者があなたを自分の味方だと認識してくれているかどうかこそが、重要なのです。

❹ 目の前の相談者の言い分を聞く

　かつては依頼者を叱り飛ばす弁護士がおり、そのようなスタイルの仕事が受け入れられた時代がありました。しかし、今は既にそうではなくなってきています。

　法律相談にせよ受任事件にせよ、あなたが相談者・依頼者と価値観の上で対立する必要はありませんし、そうするメリットもありません。

　私もまだ駆け出しの頃、交通事故の基本的過失割合を誤解していた依頼者に『別冊判例タイムズ』を示して間違いだと指摘したところ、「何でも判例の言うとおりに従うのなら弁護士はいらない」という強い反論を受けたことがありました。依頼者にとっては、自分の意見が間違っていたしても、それを真正面から指摘されて面白いはずはありません。私も今なら、依頼者との無意味な対立を避けるために、もっ

とスマートで巧妙な対応の仕方があったはずだと思えるのです。

　たとえあなたの意見が正しくても、それを押しつけることで相談者や依頼者との信頼関係にヒビが入ってしまうのでは意味がありません。同じように、相手方の言い分に理があると思われる場合でも、それをそのまま相談者に呑ませようとしたのでは、「この先生は相手の言いなりで頼りがない。全く不公平だ」という印象を持たれてしまうおそれがあるのです。

　相談者、依頼者との関係は、あくまでも仕事がうまくいくかどうかという視点で見る必要があり、本項で書いていることは**マナーや決まりごとではなく、業務上のテクニック**というべきものです。

　冒頭で「人として正しいかどうか」ではなく「（法律相談の）聴き手として適切かどうか」と問題提起したのも、このためです。

　まずは、目の前の相談者の言い分をよく聞き、その上で、相談者の味方であることを適切にアピールしたいものですね。

5 解決までのプロセスが イメージできるように

❶ 二つの付随的な不安

　法律相談に来る相談者は、抱えている問題から来るものとは別に、二つの不安を抱えています。

　一つは「解決までにどれくらいの時間がかかるのか」という不安、もう一つは「解決するのにどれくらいのお金がかかるのか」という不安です。

　このうち、お金の問題は項を改めて説明することとして（⇨本章**7**参照）、まずは「解決までの所要時間に関する不安」の方を片付けておきましょう。

❷ 人は先が見えないと不安になる

　これから自分がどうなっていくのか、自分の行き着く先はどこなのか、それがわからないと、人は途端に不安に駆られてしまいます。

　特に、法律問題解決のプロセスは、いろいろな段階があり手続もさまざまなので、普通の方にはなかなかイメージがしづらいものです。

　できる限り、解決までの時間とプロセスの概要を説明して、相談者の不安を取り除いてあげましょう。

　若干余裕を持たせた形で、①最終目的と予定時期、②それに至る手続の流れ、③各手続ごとの概ねの所要時間、の三つを説明できるように心掛けて下さい。

　「公正証書遺言の作成ですから、だいたい2〜3ヶ月もあれば全て終わりますよ。あなたが作った資産の一覧表を基に私が案文を作って公証人の先生と協議します。資料を頂いてから2週間程度で案文の協議を済ませ、実際に公証役場に出頭するのは、夏前くらいになるでしょ

うか」というようにです。ちなみに「2〜3ヶ月」というのは少し長めの設定です。

　最終目的とそこにいつ頃どうやってたどり着くのかという予定を最初に説明してあげることで、相談者の側も紛争解決の全体像が把握しやすくなります。

❸ 先が遠すぎるとこれまた不安になる

　もっとも、解決までのプロセスが長すぎると、それはそれで相談者の不安の種になってしまいます。どうにも難しいものですね。

　このとき、**我々と一般の方とでは、問題解決のサイクルに関する感じ方、受け止め方が大きく違う**ということは覚えておいて損はありません。

　裁判や調停を仕事にしていると、一つの事件を半年だとか年単位で考えることに慣れてきます。

　そこそこ争いのある地裁の事件なのに、訴状を出してから判決確定までが半年を切ったりすると、自分のことは棚に上げ、「何かものすごく手を抜いて審理されたんじゃないか」とモヤモヤすることもあったりなかったり。

　でも普段、そのような長いサイクルで問題に直面することの少ない一般の方の感じ方は、随分と違うようです。

　しばしば依頼者から、「もう事故から3ヶ月も経つのに、まだ解決できないのか」という言葉が出てくるのも、このような感じ方の違いによるものなのです。

　「裁判になったら短くて半年、どれだけ長くても1年半くらいではカタがつきますよ」という説明を聞かされるとき、相談者は何年も先に完成する予定の駅ビル新築工事のニュースを聞くのと同じような気持ちになっているのかもしれません。

　特に、法律問題というものは駅ビルでオープンする商業施設と違ってウキウキと心が躍ることはさほど多くはありません。

　相談者にとってはできるだけ早く解放されたい問題であるはずなの

です。

❹ 「解決までの時間」が問題になる例

　もう一つ、**相談者に提示する「解決までの時間とプロセス」は、ある程度、相談者自身の意向に合致している必要がある**という点も忘れてはいけません。

　一つ例を挙げましょう。

　「店子が半年もの間、催促しても家賃を払ってくれないので、賃貸借契約を解除したい」という家主さんが相談に来たと思って下さい。

　この場合、家主さんとしては、そんな不誠実な賃借人には一刻も早く出ていってもらって当然だと思っているでしょうし、賃料を毎月きっちり払ってくれる別の人に一日でも早く貸したいとも思っているはずです。

　分譲貸しで出しているとはいえ、この先まだ15年もローンが残っている物件をタダで赤の他人に貸すなど、全く家主さんの理解の範疇を超えているのです。

　で、あなたが詳しく事情を聞いた結果、どうやら「信頼関係を破壊すると認めるに足りない特段の事情」とやらもなさそうです。

　そこであなたは、「大丈夫、解除は認められるでしょう。解除通知を送って出ていってもらいましょう。最悪、裁判したら勝てますよ」とアドバイスします。これで万事OKでしょうか。

　この場合、家主さんにとっては、解決が長引けば長引くほど、家賃収入を得る機会がどんどん失われていくわけですから、勝てるかどうかだけでなく、どのくらいで解決に漕ぎ着けるかという点も極めて重要なはずです。

　「裁判したら勝てますよ」と自信ありげに語るあなたの顔を見て、相談者は「それじゃあ遅すぎるんだよ！」と、却って不安と落胆の気持ちを強くしているかもしれません。

　あなたが、「未収賃料と建物明渡しを請求する際の訴額計算はどうだったっけ？」と思いを馳せているとき、相談者は「来週にもう一度

別の先生に予約を入れて相談してみよう」と考えているかもしれません。

　このケースでは、多少の譲歩も検討した上で、できるだけ早期に解決を図ることも検討すべきであり、訴訟提起はあくまで最後の手段と位置づけるべきです。

❺ここでも相談者の立場に立って

　相談を聴く法律家の側は、解決までの時間よりも、事件の帰趨（勝てるか負けるか）や勝ったときに得られる成果、そのためにとらないといけない行動といった点ばかりに目が行きがちです。

　ですが、相談者の不安を取り除くには、あなたが解決までの道のりや所要時間、プロセス、その間に生じる負担の内容を可能な限り具体的に示し、相談者自身に道を示してあげる必要があります。

　その上で、「できるだけ早く穏便に解決したい」「少々時間はかかってもいいので徹底的に争いたい」といった意向にも配慮し、あなたと相談者とで一緒に方針を決定していくべきでしょう。

目的地はわかりやすい方がいい

6 見通しの説明には要注意

　相談を受けていると、「よしこれは勝てそうだ」、あるいは「これはなかなか難しいな」といった感触が生まれてくるはずです。

　ただ、思っていることをそのまま相手に伝えると、思わぬトラブルに発展しがちなのはいつの世も同じです。

❶ 見通しが明るすぎる場合

　話を聴いていると、難なく終わりそうな事案というのがあります。

　「難なく終わる」というのは、要するに①有利な結果が得られる見通しが高く、かつ②それに至るまでの道のりが短くて済むという意味です。

　例えば、相手方の請求について、時効更新事由がないことが明らかで、時効援用の内容証明郵便を一本送るだけで終わりそうな場合です。

　また、不特定多数を対象とした詐欺的な請求書が届いたという場合であれば、「無視すれば良いんですよ」と指摘するだけで解決することもあるかもしれません。

　あなた自身、そのような見通しに十分な自信があるのであれば、それをそのまま相談者に伝えてあげましょう。誰が見ても簡単な事案を、さも困難であるかのように伝えて、相談者の不安感や依存心を煽るというのは、法律家がしてよいことではありません。

　不安な気持ちで訪れた相談者は、自分の抱えている問題がそれほど深刻でないことに気付き、軽い足取りで帰っていくことでしょう。

　このとき、客観的には大したアドバイスはしていなくても、相談者があなたに抱く印象は決して悪いものにはならないはずです。

　ですが、このような見通しが立つ事件は100件に1件もありません。

　相談が持ち込まれる事案のほとんどは、①勝てるかどうか、それ自

体が怪しいか、②（勝てるのは確実にせよ）そこに至るまでの道のり
がある程度長く険しい、というケースなのです。

　事案を聴いたあなたが嫌な脂汗をかき出してからが、本当の法律相
談なのです。

❷ 見通しは暗くはないけれど…という場合

　では「手間はかかるけれど、勝てるのはほぼ確実」というケースは
どうでしょうか。

　例えば、懲戒権、解雇権の濫用であることが明らかな懲戒解雇処分
に対して、地位確認を求めて争う場合、不法行為に基づく賠償請求で
相手方が既に行為と過失、一定の損害の発生や因果関係を認めている
ような場合です。

　こういったケースでは、事件を適切に処理しさえすれば、ある程度
の経済的利益は確実に得られるのですが、相談者へ見通しを伝える際
には、**「ゴールにたどり着くまでにどれだけの手続的、時間的な、あ
るいは立証上の負担があるのか」**を過不足なく説明しておくという配
慮が必要です。

　要するに、**明るい見通しを軽々しく伝えない**ということです。

　相談者や依頼者は、**自分にとって都合の良い情報は精一杯膨らませ、
都合の悪い情報は希望的観測という篩（ふるい）にかけて処分してしまう**ものな
のです。

　また、ひとたび専門家に依頼すれば後は解決まで任せっきりにでき
ると考える相談者もいますから、調停期日や和解期日への本人の出頭、
本人尋問のための出廷といった相談者本人の負担が生じるかもしれな
いということは、あらかじめ可能性の一つとして伝えておいた方がよ
いでしょう。

　「勝てる見込み」を強調しすぎると、相談者の意識からはどうして
も、そこに至るまでの困難さに関する情報は、抜け落ちてしまいます。
そして、ここから少しずつ相談者と受任者との温度差が生じ始めてし
まうのです。これは、そのうち「簡単なはずの事件なのに、なぜこれ

だけ処理に費用や時間がかかるのか」といった、あまり嬉しくない形で顕在化します。

それでなくとも、**相手方がかなり個性的**であったり、**その代理人がそれに輪をかけてアレ**であったり、法令や制度になじみがないために思わぬ見落としが潜んでいたりということは、いくらでもあるものです。

とにかく、法律問題の解決の途上では、当初の見通しを狂わせるさまざまな問題が新たに出来することは珍しくありません（「だからこそこの仕事は面白いのだ」という人には、これまで会ったことがありません）。

なお、事務所などで受任前提の相談を受けていると、同席したボスが、よく考えずに相談者に明るい見通しを伝えてしまい、事件処理を任されたあなたが後で苦労する、ということがあるかもしれません。

古来から繰り返されてきた情景ですが、こればかりは有効な手立てがありません。育ててもらった恩義を胸に刻みつつ、できるだけ早く独立しましょう。

❸ 見通しが暗い場合

逆に、誰がどう考えても見通しが暗い事案というものがあります。

ここでいう「見通しが暗い」というのは、「勝てる確率や得られる結果は０ではないけれど、その可能性が相当低い」という場合のことです（「本当に何も手立てがない」というケースも、それほど多くはないものです）。

例えば、貸金請求で金銭授受を示す資料が全くなく、しかも相手方が貸借を否認しているケース（しかも相手に資力がない）などでしょうか。

「難しいものを『難しい』とあらかじめ伝えるだけならば、簡単ではないか」というのは、少しばかり浅はかな考えです。

大事なことなのでもう一度言いますが、相談者や依頼者は、自分にとって都合の良い情報は精一杯膨らませ、都合の悪い情報は、希望的

観測という篩にかけて処分してしまうものなのです。

　最初の時点でかなりハッキリと厳しい見通しを伝えられていても、委任状を書き、費用を支払い、事件処理を傍で見ていると、不思議なもので、いつの間にか通りそうにない要求が通るかのように思い始めてしまうものです。

　「事件処理自体が茨の道なのに、その結果、当初の見通しどおり厳しい結果に終わったときに、相談者（依頼者）から『何で負けたのか』と責められるのは割に合わないんじゃないか」という視点は重要です。あなたとしては、見通しが難しい事案では、客観的な費用対効果の見地からも、受任するかどうかを十分に検討しなければなりません。

　ただし、実をつけるかどうかわからないわずかな芽であっても、それをあなたの助言だけで完全に摘んでしまうというのは寝覚めが悪いでしょう。そこで、依頼を断る場合には「私は難しいと思う。でも、納得がいかないようであれば、他の専門家の意見も聞いてみることをお勧めします」とひと言添えて、セカンドオピニオン（⇒本章**17**参照）を提案するのも一つの方法です。

　また、受任する場合には、「**なぜその事案で相談者が希望する結果を得ることが難しいのか**」、そして「**あなたがそのような事案で受任して処理に当たることで何を目指すのか**」を明確な形で相談者に説明しておく必要があります（受任に当たり確認書の形で残しておくというのは一つの有用な方法だと思います）。

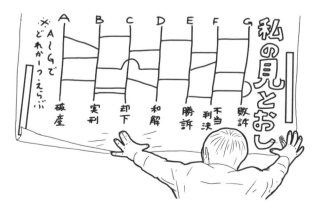

資料❹書式　見通しが厳しい事件を受任する際の確認書

確　認　書

弁護士　中村真　殿

　私、●●●●は、後記「交通事故の表示」記載の事故に関し、▲▲▲
▲氏に対する損害賠償請求訴訟（以下、「本件訴訟」という）を提起す
るに当たり、以下の各事項を理解の上、了承しました。^(※1)

1　本件訴訟における私（原告）の請求内容に、労働能力喪失期間（ない
　し生存可能期間）を満90歳までとすることや後遺障害慰謝料とし
　て金●●●●万円を請求すること等、過去の交通事故裁判の先例に照
　らして認められる可能性が低い主張が含まれており、判決ないし和解
　となった場合にこれらの請求が認められず、訴状における請求額から
　相当程度減額される可能性があること

2　前記1記載の請求を含む訴訟を提起する際に支払う印紙代について
　は納付後返還されないものであること

3　第一審判決後の控訴審において、貴職以外の弁護士を代理人に選任
　する場合には、第一審判決において認容された内容をもとに、令和●
　●年●●月●●日付委任契約書記載のとおりの基準にて報酬、費用の
　精算を行うこと

4　判決に基づく賠償金（遅延損害金を含む。）ないし和解に基づく和
　解金の振込先口座として相手方に対し貴職の預り金口座を指定の上、
　貴職が受領すること及び同口座に入金後、入金額から貴職の報酬と費
　用を控除した残額の返還を受けること^(※2)

「交通事故の表示」^(※1)

　　　　　　発生日時　　令和●年●●月●●日　午後●●時●●分ころ
　　　　　　発生場所　　兵庫県A市B町1丁目2番3号（国道●●号線）
　　　　　　加害車両　　自家用普通乗用自動車（神戸●●ね1234、▲▲
　　　　　　　　　　　　▲▲氏運転）
　　　　　　被害車両　　自家用普通貨物自動車（神戸●●や5678、●●
　　　　　　　　　　　　●●運転）
　　　　　　事故態様　　被害車両が青色対面信号に従い交差点に進入した
　　　　　　　　　　　　ところ、同車両左方交差道路より加害車両が赤信号
　　　　　　　　　　　　表示を看過して交差点内に進入し、自車前部を被害
　　　　　　　　　　　　車両左側面に衝突させ、同車両に乗車していた私が
　　　　　　　　　　　　受傷したもの

令和　　年　　月　　日

　（住　所）

　（氏　名）

印

（※3）

確認書の留意点

※1　柱書で、確認事項を表明する主体（依頼人）と該当する事件について明記する。交通事故の日時・場所・当事者や商取引の日付、締結された契約の日付と名称、不動産の詳細といった事案の特定に必要な事項を具体的に記載しておく。

※2　後日、依頼人との間で問題となることが予想される事項（処理方針決定の内容や見通しの説明を受けたか否か、費用負担・報酬等の精算など）について列記する。依頼人にもわかりやすく、かつ読み方や解釈に幅が出ないよう一義的で明確・具体的な表現を心掛ける。

※3　依頼人と共に確認書の内容を確認した後、必ず依頼人本人に日付、住所の記入と署名・押印（認め印でも問題はない）をしてもらう。調印された確認書は、原本を自分で保管し、依頼人にも必ず写しを交付して保管させる。

　　確認書の趣旨や内容の説明が尽くされている形であれば、郵送でのやり取りでも問題はないが、依頼人本人が自署できない場合には、配偶者や子の同席の場で、面談の上で説明と意思確認、家族による代筆・代印を受ける方が望ましい。

7 コストをきちんと説明する

　相談者は「勝てるかどうか」だけで方針を決めるわけではありません。事件処理に当たる場合「得られる利益＞コスト＋リスク」であるのが原則なので、かかるコストやリスクにも言及しておく必要があります。そこで本項ではまずコストについて述べます。

❶ 「こんなにかかるとは聞いていなかった！」を防ぐために

⑴ コストの正体

　専門家に任せるにせよ、自分自身で処理するにせよ、問題を解決しようとすると、一定のコストが発生するのが普通です。

　この「コスト」のうち、大きな割合を占めるのは、あなたのような専門家に事件処理を依頼した際の**「報酬」**です。相談者も「弁護士や司法書士に依頼したら、どれくらい費用がかかるんだろう」という漠然とした不安を抱いているのが普通です。

　これは、あなたが事件処理を引き受けた場合を念頭に、あなたの基準で説明してあげるとよいでしょう。ただし、相談の際に得られる情報が断片的で、必ずしも完全ではないということも考慮しておく必要があります。

　相談の場では、**「だいたい着手金は●●万円で、勝てたときは得られた利益の●●％を報酬で頂きます。ただし、事件の難易によって増減があり得るので、ご依頼の際は、詳しく事情をお聞きした上で見積書を作成いたします」**といった程度に留めておくのが無難でしょう（また、説明内容は必ずメモに残しておくべきです⇨第1章❾参照）。

　なお、着手金・報酬金方式をとる場合、用語の使い方としては「報酬＝着手金＋報酬金」という理解が一般的かと思うのですが、一般の方は「報酬」と「報酬金」という言葉をこんな風に区別はしていませ

ん。

　ですので、「報酬には着手金と報酬金とがあること」の説明をして
おくべきです（「報酬」を「弁護士報酬」、「報酬金」を「成功報酬」
と言い換える方が適切なのかもしれませんが、一度染みついた習慣は
いかんともしがたいモノです）。

　また、実際に処理する際にかかるもろもろの費用（通信費やコピー
代、交通費、裁判手続での印紙代など）、いわゆる**実費費用**の説
明も忘れてはいけません。

　特に、不動産競売の際の予納金や民事保全申立のときの担保、専門
訴訟の際に必要となる鑑定費用などは、金額が大きくなりがちなので
必ず説明が必要です。

　訴訟を提起する際の手数料（印紙代）も、請求額が高額になってく
るとバカになりません（印紙代が訴額に比例するわけではありません
が、**「訴額 1 億円だと 32 万円かかる」**と覚えておくと、過熱気味の相
談者への説明に便利です）。

　こういった「専門家のフトコロに入るわけではないのに、数十万単
位でかかるお金」も、相談者が今後の方針を決定する上で重要なファ
クターになるので、必ず説明しておきます。

(2)　費用対効果

　5 万円しか回収できないことが確実なのに、そのために 100 万円の
コストを支払うというのは、経済的合理性を欠いており、普通はあり
得ないことです（⇨第 6 章**4**参照）。

　そのため、コストについては「払えるかどうか」ではなく、「支払
うに価するだけの結果が得られるかどうか」という費用対効果の見地
から考えなければ意味がありません。

　ですから、あなたとしては、相談者に処理にかかる費用の額を数字
で伝えるだけではなく、**専門家としての立場から、「コストをかける
に価するかどうか」についても意見を述べる必要があります**。

　裁判で勝訴できたとしても、相手に資力がなければ 1 円も回収でき

ないということは珍しくありません。

　逆に、請求される側であっても、存在する証拠や事実関係を考慮すると、費用をかけて争っても有利な結果を期待しがたいということも考えられます。

❷ あなたが気をつけなければならないこと

　コストに見合わないという説明をした際に、相談者から「それでもいいから是非お願いしたい！」と言われることがあります。

　このときの相談者の思考は、多くの場合、「ダメだと言われたが、もしかしたら勝てるかもしれないから頼みたい」、あるいは「ダメなことはわかったが、お金の問題ではなく意地の問題なので依頼したい」のどちらかです。

　一見、後者の方が「お金の問題ではない＝とれなくても構わない、負けても構わない」と考えている分、後の処理はやりやすいように思いがちですが、それは**大きな間違い**です。

　先にも書いたように、相談者や依頼者は、自分にとって都合の良い情報は精一杯膨らませ、都合の悪い情報は、希望的観測という篩（ふるい）にかけて処分してしまうものなのです（⇨本章❻参照）。

　後者の場合であっても、いざ事件処理が始まると、その相談者は比較的早い段階で「弁護士費用も時間も手間もかけて処理してもらっているのに、それに見合った結果が得られないはずはない」と思い始めるようになります（これは金銭請求の場合に限られません）。

　結局、前者であろうが後者であろうが大した違いはなく、いったん委任状を受け取ってしまった後は、あなたは「相応の費用を払っているのにどうして勝てないのか」という依頼者の想いと否応なく向き合わなければならなくなります。

　それでも受けるかどうかはあなた次第です。

❸ こんな相談者には要注意

　中には「問題の処理にはコストがかかる」という点自体を理解でき

ない相談者もいます。

　「自分が一方的に被害に遭ったのに、その回復を図るのになぜさらにお金を負担しないといけないのか。盗人に追い銭ではないか」といった具合にです（なぜかこのフレーズはよく耳にします）。

　お金の流れからいうと決して「盗人に追い銭」ではないわけですが、説明を尽くしても理解が得られない相談者の場合、事件処理による成果が得られなかったときの矛先があなたに向くことは、ほぼ確実なように思われます（何しろあなたは「盗人」の一味と見られているわけですから）。

　このような相談者（依頼者）の場合、事件処理結果を正当に評価してもらえなかったり、不当に報酬を値切られたりとあまり愉快でない思いをすることも多いので、場合によっては**相談の段階で依頼を断ることも検討すべき**でしょう。

　結局のところ、相談者にコストの問題を十分に理解してもらうということは、受任者になるかもしれないあなたのリスクを回避する意味も含んでいるのです。

これは金の問題じゃない。正義を世に問うのです。闘いなのです。

……

ぐっ

8 リスクの説明も忘れない

コストの説明が終わったら、次はリスクの説明を行います。

❶ 「こんなことになるなんて聞いていなかった！」を防ぐために

問題解決のために動き出すか否かを決めるとき、相談者は、どうしても「勝てるかどうか」「有利な結果が得られるか否か」という自分の利益に直結する部分ばかりに気が向きがちです。

しかし、その裏には、「紛争解決に動くことにより生まれるリスク」という思わぬ落とし穴が潜んでいることがあるのです。

事件処理に動くこと自体に一定のリスクがあるときは、そのこともきちんと相談者に説明し、その上で相談者に方針の決定をゆだねなければなりません。

❷ 返り討ちのリスク

多くの場合、法的紛争では対立する相手方がいますが、その争いに敗れてしまったとき、「勝てなかった。残念無念」だけで済む場合ばかりとは限りません。

訴訟は相手に法的なケンカを吹っかける行為なわけですから、もしそのケンカに負けてしまった場合に、逆に自分が手ひどいダメージを受けるおそれもあるのです。

⑴ 例えば保全命令が不当とされるケース

安易に保全命令申立を行って資産を仮差押えしたところ、その後の本案訴訟で相手方に敗訴してしまっただけでなく、「不当な仮差押えを受けた」として、逆に損害賠償請求を受けてしまうというケースがあります。

保全事件で予納を求められる担保（民保14条）は、濫用的な申立

てを防ぐだけでなく、発令された保全命令が結局不当だったとされた場合に備える意味もあると、どこかで聞いた記憶があるはずです。

　疎明で足り、多くの場合、審尋も行われない保全事件では、あなたの一方的な言い分でも、結構な割合で保全命令を発令してもらえます。

　ですが、後でそれが不当であったとされた場合には、予納した担保は債務者（相手方）が被った損害の賠償に充てられるべきものとなり、もはや相談者の一方的な意思だけで取り戻すことはできなくなってしまいます。これは「積んだ担保は後で返してもらえるから」と安易な説明を受けていた相談者（依頼者）にとっては、全くの青天の霹靂です。

　実際は、「本案で負けるおそれがあるから、保全はやめておこう」などという判断はあまりしないわけですが、重要なのは「場合によっては担保がスッと返ってこないこともあるよ」ということを相談者、依頼者に事前にわかっておいてもらう必要がある、ということです。こういった「説明されていなかった金銭的な負担が生じてしまった」というケースで、依頼者との間でトラブルになることは多いのです。

　なお、民事執行手続の場合は、担保を積む必要はありませんが、その場合でも執行の方法や内容が不当だとして、逆に責任追及を受けるおそれがあるという点では民事保全の場合と共通しています。

⑵　例えば訴訟提起が不当とされるケース

　また、「相手に思い知らせたい！」との一心で、よく考えないままかなり無理スジの損害賠償請求訴訟を提起したところ、被告から不当な訴訟提起だとして、これまた損害賠償請求を受けるという事態も考えられます。

　主張する権利の内容やその主張の方法が不適切であったりすると、それ自体が相手方に対する不法行為と捉えられる場合があるのです。

　ちなみに、判例によれば、提訴者の主張した権利又は法律関係が事実的、法律的根拠を欠くものである上、提訴者がそのことを知りながら又は通常人であれば容易にそのことを知り得たといえるのに、あえ

て訴えを提起した場合のように、**訴えの提起が裁判制度の趣旨目的に
照らして著しく相当性を欠くと認められるとき**に限って、訴え提起が
不法行為に当たるとされています（最判昭和 63 年 1 月 26 日・判時
1281 号 91 頁）。

　実際には、裁判を受ける権利（憲法 32 条）への配慮もあって、訴
訟提起が不法行為に当たると判断されるケースはかなり限定的に捉え
られています。

　もっとも、そのようなことより何より、**自分が起こしたアクション
が原因で、相手方から逆に責任追及を受けることそれ自体が大きなリ
スク**であると考えるべきなのです。

⑶　請求される側でリスクを負うケース

　相談者が請求される側である場合、相手方の請求に応じる対応をと
るべきか、はたまた前提から争って、より強気の交渉を行うべきか判
断に迷う場合があります。

　このようなときは、普通、自分（相談者）側の思いや利益を考慮し
て方針決定をしていくことになるのでしょう。

　もっとも、**争うことによって、却って相手方の態度を硬化ないし激
化させてしまう場合があるということ**は知っておく必要があります。

　例えば、交通事故の事案で、加害者側が自己に有利な過失割合を導
くために、被害者側の過失を過大に主張する、といった場合です。そ
のような配慮を欠いた加害者側の主張によって、和解による解決が困
難になることが考えられますし、被害者の精神的苦痛の増大を招いた
として慰謝料が増額されてしまうかもしれません。

　結局ここでも重要なのは、あなたからアドバイスを受けた相談者が、
事件処理方針を決める段階で、前記のような相手方の態度を硬化させ
てしまう**リスクの存在を認識し、その上で判断を下したかどうか**、と
いう点なのです。

　また、あなたが相談者の代理人として動く場合には、相談者のみな
らずあなた自身も責任追及の対象にされてしまうおそれがあります。

これは何としても避けなければなりません。

❸ 相談者への注意喚起の仕方

「紛争解決に動くことにより生まれるリスク」というものは、それを知らされないまま事件処理が進んだ場合、どれも相談者から、「こんなことになるなんて聞いていなかった！」「こうなるとわかっていたら依頼・相談なんかしなかった」というクレームを受けやすい性質のものばかりです。

あなたとしては、相談者に解決方法だけを提案して進めるのではなく、それに伴うリスクの説明もしっかりした上で、方針検討の材料の一つとしてもらう必要があります。

自分のパンチが当たるかばかりを気にしている相談者に、**「相手方からもパンチが飛んでくるおそれがあるよ」**と具体的に指摘してあげる必要があるということです。

こちらが動くことで眠れる獅子を目覚めさせることになるかもしれんのですよ。

調停申立てくらいでそないなことになるんでっか？

守秘義務を意識せよ

❶ 秘密保持の義務

　弁護士は「その職務上知り得た秘密を保持する義務」を負い（弁護 23条）、また司法書士も「業務上取り扱った事件について知ることのできた秘密を他に漏らしてはならない」とされています（司法 24条）。

　法律相談も「職務」であり「業務」であるわけですから、ここで知り得た秘密も当然秘密保持義務の対象となります。

　細かい話をし出すと、ここで保持が要求される「秘密」が依頼者（相談者）の秘密に限定されるのか、それともそれを超えた関係者の秘密にまで及ぶのか、といった問題もあるのですが、法律相談に臨む際の心得としては、**「聞いたことは原則他言しない」**としておくべきです。

　テレビや新聞等で大きく報道されている事件の相談であろうが、相談者や相談内容が個性的であろうが、基本的に墓まで持っていくつもりで秘密を保持して下さい。

　よく「お金は持って死ねない」と言いますが、ありがたいことに「秘密は持って死ねる」のです。

❷ 相談に際しての秘密保持義務の考え方

　我々が預金口座を作るときに行員さんの業務上横領を心配しないのと同じように、相談者も、（小難しい条文は知らなくても）「相談内容の秘密は守ってくれるはずだ」というアタマで相談に来ています。

　もっとも、自分に不利な事実や世間的につまびらかにしがたい事情については、相談者の口もどうしても重くなってしまうものです。

　ほんの15分前に初めて顔を合わせただけの素性もよくわからない人相手に、全てをさらけ出せるような人ばかりではありません。

もっとも、「受任後、フタを開けてみたらびっくり」を避けるため、相談を受ける側としては、できる限り正確で抜けのない情報を得ておきたいところです。

　あなたとしては、**相談の場で見聞きした内容について秘密保持の義務を負っていること、有利な内容であれ、不利な内容であれ秘密が他に漏れるおそれはないこと**を必要に応じて相談者に説明し、その重い口を開いてもらうように努力するべきでしょう。

❸ いくつか注意しておきたいこと

　守秘義務に関して、いくつか注意しておいた方がよいことを述べておきましょう。

(1)　同業者への言及について

　相談を聞いていると、相談者の相手方代理人がつい昨日、一緒に飲んでいた同業者だった、というケースがたまにあります。

　しかし、そんなときでも相談者に**「相手の先生をよく知っている」**といった形で言及することは普通は避けるべき**です。

　一般の相談者からすれば、弁護士や司法書士といった法律の専門家の業界はまだまだ閉鎖的で、「中で何が行われているかが外からではよくわからない」という感覚を持たれているようです。

　あなたが相談者を安心させるために発したひと言だったとしても、「同業者同士が馴れ合って、自分の話したことが相手に漏れ伝わるんじゃないか」という、要らぬ危惧を抱かせるおそれがあるのです。

　互いの距離感の取り方やプロ意識が身についている同業者同士であれば、仕事上ではオフと一線を引いて本気で殴り合えますし、そうする方がお互いやりやすいものですが、その感覚は相談者にはなかなか理解してもらいにくいようです。

(2)　相談票への記録の残し方

　法律相談では、相談票（「受付カード」「相談の記録」等、名称はいろいろです）に相談内容や助言の概要を記入するよう求められるのが

TIPS

情報の漏示は、それ自体のリカバリーが不可能だという怖さがある。

通例です。詳細に書く人もいれば、本当にエッセンスだけを書き留める人もいて、まさに千差万別という感じです。

　もっとも、守秘義務の観点からは書き方に少し注意が必要です。

　これが弁護士会等の法律相談であれば、相談内容や「それに対し誰がいつどのような助言を行ったか」という点を記録化し、場合によっては再相談（継続相談）の際に前回相談時の情報を共有できる体制を整えておく必要もあろうかと思います。

　対して、自治体等の法律相談では、そこまでの相談内容の記録化や把握が必要になるとはちょっと考えがたいところです。中には行政の対応の適否が問題となる相談、その自治体自体が相手方となるような相談もあり得るわけですしね。

　私も、ある自治体の相談に入ったとき、「つい先ほど別の階の窓口で揉めていた住民の方が、どうしても相談したいと言っている」と言われて、飛び込みでの相談を受けたことがありました。

　このように、相談内容を詳細に記録化することが、却って適切でないこともあるため、**弁護士会、司法書士会以外の相談の場合には、相談票への記載もできるだけ簡略化した内容に留めておくべき**でしょう（私も新規登録時の研修で、このように言われた記憶があります）。

　弁護士会等であれ自治体であれ、それぞれ個人情報に関する基本指針（プライバシーポリシー）はしっかり定めているはずですが、そのこととは別次元の問題として考えなければなりません。

(3)　紹介者の同席の是非を考える

　知人やかつての依頼者などから相談者を紹介された際には、相談の場に紹介者を同席させて良いかどうかも検討します。紹介者とはいっても相談者の抱えている問題・紛争には無関係なこともありますし、内容によっては、紹介者にも知られたくないような相談者の私的なことがらにまで話が及ぶ可能性もあります。

　相談者が明確に立ち会いに同意していれば問題はありませんが、そうでない場合には、「相談内容はあなたのプライバシーに関わる事項

にも及ぶかも知れませんが、紹介者さんに同席頂くということで問題ないですか？」と聞いてあげるべきでしょう（⇨第2章**2**参照）。

(4) 誠実義務との関係

　人は基本的に自分勝手な生き物なので、あなたも、相談者がせっかく重い口を開いて話し始めたところ、「やっぱり聞かなかったらよかったなぁ」と思ってしまう瞬間があるはずです。たいていは、激しく法に触れるか、相手方などに知られると決定的にマズい不利な事実を聞かされたときですね。

　こういう場合でも、まだ法律相談の段階であれば、そのような「不利な事情」があることによって、どのようなリスクがあるかを説明して終えることは可能です（このとき、「守秘義務があるから他に漏れることはないですよ」とひと言説明してあげるとよいでしょう）。

　ただ、受任するかどうかとなると、慎重に判断しなければなりません。

　弁護士も司法書士も誠実に職務（業務）を行う義務を負っているわけですから（弁護1条2項、司法2条）、有る事実を無いものとしたり、虚偽の事実を述べたりすることは許されないということを説明し、その上で受任すべきかどうかを、あなたが主体的に判断できるようにしましょう。

弁護士、司法書士の秘密保持は、義務であると共に権利でもある。

10 受任の可否は速やかに連絡を

相談者から**「事件処理を依頼したい」**という申出があったときには、**できるだけ早くその諾否を回答**しなければなりません。

❶ 諾否の回答は速やかに

例えば、実務についてまだ半年のあなたが、相談者から「医療機関への賠償請求事件を引き受けて欲しい」と言われたとします。手術中の処置の過失の有無が争点で、相手方は過失を争っているけれど「お金がないので着手金10万円、報酬金は上限30万円でお願いします」という条件だったとしたら、あなたは事件を引き受けますか。

また、家に帰るヒマもないくらい業務が立て込んでいる金曜日の午後、相談者から「時効間際なので、週明けすぐに簡裁に貸金請求訴訟20件を申し立てて欲しい。1件1万円で」という依頼があったらどうでしょうか。

医療過誤訴訟の中でも、「手術中の処置の過失」が問題となる事案は、過失の評価根拠事実の立証だけでなく、そもそもの注意義務の特定にも苦労する場合が非常に多く、1年生弁護士でなくとも受任には慎重にならざるを得ません。

また、業務過密のときに来た依頼を受けるかどうかは、「自分の能力と手数と時間で責任ある処理ができるか」を十分に考える必要があります（この処理能力と業務量の不均衡が事件処理の遅延につながり、懲戒に至るというケースは非常に多いのです）。

このように、自分の能力や依頼の条件、業務の処理状況などと相談した結果、どうしても受任をためらう事件というのが出てきます。

そういう場合には、できるだけ早く、事件を受任できない旨を相談者に伝えてあげなければなりません。

❷ 受任の原則自由

　弁護士は、原則として依頼を受けるか断るかの自由が認められていますので、フィーリングや条件、処理方針の合わない依頼を引き受けなければならない一般的な義務はありません（⇨例外につき P.266 Column 6 参照）。ただ、**事件の依頼を承諾しないときには、依頼者に速やかにその旨を通知**しなければなりません（弁護 29 条）。

　これに対し、司法書士は法律上「依頼に応ずる義務」が明文で定められています。もっとも、これは登記や供託、筆界特定等の手続を念頭に置いたものであって、簡裁訴訟代理等関係業務については、やはり受任するか否かの自由が認められています（司法 21 条）。そして、**司法書士もまた、弁護士と同じく「受任の諾否」を速やかに通知しなければならない**ものとされています（司倫 64 条）。

　とはいいつつも、自分を頼って依頼したいと言ってくれている相談者の申出を断るのは、誰でも何となく気後れしてしまうものです。

　ただ、そういうとき、断る理由やうまい言い方を考えていると時間が無駄に経ってしまい余計に断りにくくなってしまいます（見通しが立って経済的にも利益が大きい事案であれば、相談の場で受任を快諾するのと実に対照的です）。

　恋愛関係と同じで、事件の依頼もムリならムリとスパッと断る。

　そうすることで、相談者は気持ちを切り替えて「次の人」を探しに行くことができるというものです。

　それを変に「相手にいい印象を残したままフェードアウトしたい」などと考えていると、相談者が依頼の機会や問題解決の時機を逃してしまうといった思わぬトラブルにつながってしまいます。

　「断るときは速やかにかつ明確に」を心掛けましょう。

❸ 諾否の通知について

(1)　依頼不承諾通知の方法

　依頼を受けるかどうかは自由ですし、また、一般にこの「依頼不承諾」

の理由は問われません（**理由自体を通知する必要もない**ものと解されています）。

　なお、通知方法についても特別な様式が定められているわけではないので、**口頭、書面等どのような形式でも**問題ありません。

　要するに、依頼を申し出た相談者が、（理由はどうあれ）自分の事件をあなたが引き受けないのだと認識できるだけの情報を伝えれば足り、あなたが相談者に対し「依頼は受けられません」と口で伝えるだけでも、この「依頼不承諾の通知」の要求は満たされるのです。

　とはいえ、法律相談を含めて二度三度と顔を合わせてきた相談者に対し、理由を告げずに「受任しない」旨だけを伝えるのでは、やはり角が立ちますし、相談者側の真の理解を得ることは難しいでしょう。

　また、あなたの「依頼不承諾の通知」が遅れたことによって、相談者に損害が生じた場合には、あなたがその賠償を請求されるおそれがあります（民 709 条）。

　そのため、この通知はいつ、どのような形で行われたかを、後から客観的に検証できる形であることが必要です。

　そうなると、やはり**「依頼不承諾の通知」は、ある程度大まかな理由を併記し、書面の形でしておいた方がよい**となりそうですね。

　このとき、依頼を断る理由は、書くとしても「現在業務多忙であり、受任しても責任ある事件処理を行うことが困難と見込まれるため」といった程度の簡潔な記載で足ります。ただ、日付と相談者の氏名（名称）、断る依頼の内容を特定できるだけの事実は記載しておくこととなろうかと思われます（⇨ P.150 資料 **5** 書式参照）。

(2) 「すみやかに」とはいつまでをいうのか

　「すみやかに」が具体的にいつまでをいうか問題となりそうですが、この点はケースバイケースで、事案の重さや複雑さも影響します（だからこそ「すみやかに」としか書いてないのでしょう〈弁護 29 条〉）。

　相談を受けてからの時間が長くなればなるほど、相談者には受任処理についての期待が生まれますし、依頼不承諾の通知を受けた際の失

望、反発の気持ちも強くなります。

そこで、一つの目安として、

① 時効や出訴期限が迫っている場合は、**断った後に相談者があなた以外の専門家を探して委任できるだけの時間的余裕**を持って、また、

② そうでない事件の場合は、**受任の可否の検討材料が揃ってから長くとも1週間程度**

と捉えていれば問題は無いのではないかと思われます。

また、依頼不承諾の場合、相談者へのフォローをどこまで尽くすかは難しいところです。受任しない以上、法律相談でのアドバイスであなたの責任は終了していると考えられます。

これは不承諾の理由にもよるのですが、通常は他の専門家への相談や自分での処理を促す程度で足りるでしょう。特に、価値観の相違（信頼関係構築が困難）や不当な目的を理由に断る場合には、相談者への安易な事実上のアドバイスや特定の解決方法の言及などは、控えた方がよいかもしれません。

また、証拠となる重要な資料、物品を預かっている場合には、客観的記録（受領書、返還の確認書など）を残しつつそれらを速やかに返却することも忘れてはなりません（もとより、受任未定の段階では、返却が必要となる原本資料等は預からない方が得策です）。

うん、アタシ…。

あのね…。考えたんだけど、この間してくれた話、私なんかでよかったら…。

せやかて先生、あれからもう3年も経ってますんやで？

ご相談をいただいた案件について

　　　　　　　　　　　　　　　　令和　　年　　月　　日

山田太郎　殿

　　　　　　　　　　　　　　　〒 123 - 4567
　　　　　　　　　　神戸市中央区住吉通 3 丁目 1 番 10 号
　　　　　　　　　　　　　　○○神戸駅前ビル 10 階
　　　　　　　　　　　　　　　　○○法律事務所

　　　　　　　　　　　　弁護士　中　林　　　保
　　　　　TEL　078（333）××××/FAX　078（333）××××

前略

　先般、ご相談いただきました○○氏相手方の案件について、以下の通りご連絡いたします。

　貴殿よりお申し出のありました案件は、貴殿が○○氏に貸し渡されたとされる金員（100 万円）の返還請求訴訟及び保全命令申立事件（○○氏名義の預金口座に対する債権仮差押命令申立）を内容とするものと理解しております。(※1)

　もっとも、現在、当職が誠に業務多忙であり、責任ある事件処理を行うことは困難と考えるに至りましたことから、検討させていただきました結果、上記案件の受任をお断りさせていただくことを本書面にてご通知申し上げます。(※2)

　貴殿のご希望に沿いかねる結果となり誠に恐縮ではありますが、何卒ご理解のほど宜しくお願いいたします。

　また、ご相談に当たりお預かりした資料については、本書に同封の上、返却させていただきます。(※3)

　上記案件が貴殿にとって良い解決に向かうよう、お祈り申し上げております。

　　　　　　　　　　　　　　　　　　　　　　　　　　草々

受任拒否通知の留意点

※１　断る事件の内容を明記しておく。

※２
◆業務多忙を理由に断る場合
　「責任ある事件処理が出来かねる」というのは、依頼を断るもっともな理由になる。断る理由はそもそも問われないはずだが、後のトラブルを防ぐ見地からも納得してもらいやすい形で簡単に記載しておく方が良い。「見合わせる」「お断りさせていただきたい」といった持って回った言い方ではなく、「断ることとした」という点を端的かつ明確に打ち出す。
◆利害関係を理由に断る場合
　「もっとも、ご相談いただいた内容が、当職（あるいは「当事務所所属の他の弁護士」など）の他の処理案件と利害が抵触するおそれがあることが判明しましたため、誠に残念ではございますが、上記案件の依頼をお請けすることが出来なくなりました。」
◆不当な事件を断る場合
　「もっとも、お聞かせ頂いた内容や資料を慎重に検討しました結果、当職としては貴殿のご希望に沿った解決を図ることが難しいものと考えるに至りましたことから、上記案件の受任をお断りさせていただくことを本書面にてご通知申し上げます。」

※３　預り資料のうち原本等返却が必要なものがある場合の記載。なお、断る見込みの相談の際は、できる限り返却が必要となるような原本資料、写真等は受け取るべきではない。重要な原本資料の返却の場合や、後に返却の有無を巡ってトラブルになるおそれのある相談者の場合は、返却物品を特定した受領書を同封する、面談の上で返却し確認書をもらうといった方法をとるべきである。

11 不当な内容の相談について

　法律相談で持ち込まれる問題の全てが、正当な権利・利益の実現を目的としているとは限りません。

　そのような場合に相談を受けたあなたとしては、どう対応すべきでしょうか。

❶ 「不当な事件を受任してはならない」

　弁護士は、**依頼の目的又は事件処理の方法が明らかに不当な事件**を受任することができません（職務基本規程 31 条）。

　ここでの「不当」とは、それが**違法である場合**はもちろん、**理不尽な内容である場合**も含まれると考えられています。

　「依頼の目的が明らかに不当」とは、外形上は正当な権利行使の形を備えているように見えても、その目的が理不尽であることが客観的に明らかな場合で、例えば相手方を困惑・疲弊させるためだけに訴訟提起を延々と繰り返すような場合も、これに当たります。

　また「事件処理の方法が明らかに不当」とは、例えば被告住所が不明であるとの虚偽を述べて公示送達を申し立てる場合などが、これに当たります。

　社会正義の実現を使命とする弁護士としては、違法・理不尽な利益の実現に手を貸してはならないとするのが、この「不当な事件の受任禁止」の根拠です。

　なお、司法書士倫理上も「不正の疑いがある事件」として同様の定めが置かれているほか（司倫 25 条）、品位を損なう事業への関与や違法行為の助長・利用に当たる行為も明確に禁じられています（司倫 12 条、15 条）。

　この点、その定め方や根拠等は弁護士の場合と若干異なるのですが、

紛争性のある事件の受任の可否・是非の場面では、弁護士の場合と区別する実質的意味は乏しく、同様に考えればよいでしょう。

❷ 法律相談での心構え

このような、「明らかに不当」な事件は受任自体を控えなければならないという一般的ルールは、まぁわかる話です。

そして、そのルールの根拠が「社会正義（公正な社会）実現の使命を負う弁護士や司法書士が不当な利益の実現に助力してはいけない」という点にあるのですから、当然、**法律相談の場でも、相談者の不当な提案や処理方針を援助・助長するようなアドバイスをしてはならない**ということになります。これもとてもわかりやすい話です。

そのため、法律相談の場面でも、「生意気なヤツがおるんで、債権はないけれどあることにして、事業用の預金口座を仮差ししたろ思とるんです」「何も問題はないんですが、気に入らんからテキトーな理由をつけてこの人をクビにしたいんです」といった相談が持ちかけられたときは、それによって相談者に生じる不利益、ペナルティを説明し、「そんなつまらないことはおよしなさい」とアドバイスしなければなりません。

一時期よく問題になった「賃借人が家賃を払わないので、留守中に荷物を全部出して、鍵も勝手に換えてしまってええでしょうか？」という相談もこれに当たりそうです（「ええわけないでしょう」という答えが一般的です）。

こういった相談者の提案の不当性が明らかな場合は、それほど判断に苦労することはありません。

しかし、実際には不当と言えるかどうか判断に迷う場合の方が、ずっと多いのです。

❸ 「不当か不当でないか」を考える

例えば、交通事故の被害者から「**加害者に対して後遺障害の慰謝料として1億円請求したい**」という相談があったとします。

一見（一聞）して明らかに不当という相談は多くはないが、不当性が背後に潜んでいることは結構多い。

今までの最高裁の判断や実務の運用に照らして考えると、仮に後遺障害等級1級の障害が残存した場合であっても、訴訟で1億円もの後遺障害慰謝料が認められる可能性はほぼ0パーセントです。

　全く0ではありませんが、ほぼ0なのです。

　このようなとき、加害者である相手方から見れば、まず認められる余地のない1億円もの後遺障害慰謝料を請求することは、不当であると感じるかもしれません。

　しかし、過去の判例や運用に反しているというだけでは、相談者が主張する内容が直ちに「不当」であるとは言えません。判例や運用は将来変更される可能性がありますし、またそれを目指すのも法律の専門家の役割の一つと言えるからです。

　ですので、この場合、あなたとしては、「3000万円に留めておきなさい」と言うのではなく、「請求すること自体は自由だが、過去の裁判例等に照らして、1億円もの後遺障害慰謝料が認められる余地は限りなく0に近い」ということを相談者に説明し、最終的にいくらの額での請求とするかの判断は相談者にゆだねるべきでしょう。

　次に、相談者が**「事故の相手方の勤め先に出向いていって、賠償金を払うよう交渉しても良いものか」**と相談してきた場合を考えてみて下さい。

　このとき、事故が勤務先と無関係だった場合、「加害者の勤め先に事故の発生や賠償で紛糾していることを知らしめる対応は問題ないだろうか」「そのような対応をとることで逆に名誉毀損として訴えられるおそれがあるのではないか」と考えるのは、実務家としてごく自然な発想です。

　ところが、相談者が何度も加害者の自宅に連絡を入れているのに、加害者からは全く応答がなく、示談交渉にも応じる気配がないという状況が長期間続いている場合であれば、どうでしょうか。

　逆に被害者である相談者に7割の過失があったと見込まれる場合、加害者が任意保険に未加入の場合などはどう考えるべきでしょうか。

　どれも「正当か不当か」の判断に若干影響しそうなことがらです。

このように具体的な事情が増えるに連れ、「加害者の勤め先に押しかける」という一点だけで不当か不当でないかを判断するのが、難しくなってきます。

❹判断に迷う場合にどうしたら良いか

「不当か否か」というのは評価の問題なので、おおざっぱに聞いた事実だけで明確に線引きをするのは、難しいことも多いのです。

特に、この業界で仕事をしていると、「正当、不当」の考え方が人によってこうも違うものかと驚かされます（たいていは、単なる立場、視点の違いに過ぎないのですが）。

そのため、相談者から「一見問題のありそうな提案」を受けた場合であっても、あなたとしてはそこで即断するのではなく、その周辺事情や、なぜ相談者がそのような処理・解決を希望するのかを聴き取り、その上で相談者の提案する方法が不当かどうかを考えてアドバイスする必要があります。

また、検討した結果、相談者の提案それ自体は不当だという場合であっても、よくよく話を聞いて相談者の希望や現状を拾っていくと、眠っていた他の適切な問題解決の方法が見つかる場合もあります。ですので近視眼的にならないよう注意が必要です（⇨第2章❻参照）。

どうも、こうもあるかいや…。

ウソの仮差押って取引先片っ端から潰したろ思てますねん。どう思わはります？

商売敵が気に食わんさかい、

12 わからないことを訊かれたら

　人の抱える問題はさまざまですが、哀しいかな、あなたの知識は有限なので、**法律相談を受けていると、わからないことを訊かれるということが必ずあります。**

　そんなとき、「自分ももっともっと頑張って知識や経験を積まなければ」と前向きな気持ちになれると良いのですが、当面の問題は目の前の相談者への対応です。

　これが、あなたの事務所に来た方の相談を受けている場面であれば、助言、回答するために使う時間もさほど気にする必要はありません。

　「調べますので、ちょっと待っていて下さい」と言い、自分の席に戻って調べることもできるでしょう。しかし、弁護士会等や自治体での法律相談の場合、20分や30分という割り当てられた時間内に相談を終える必要があります。

　さて、どうすれば良いかですが、私は、いくつかの対処方法が考えられると思います。

❶ とにかくその場で調べてみる

　まず、できるだけその場で調べる努力をしてみることです。あきらめたらそこで相談終了ですよ…？

　「どの法令、制度の話をされているのかすら全くわからない。保険法ってナニ？」といったレベルでない限り、相談の場で六法を開いて条文を確認することで解決できることは、意外と多いものです。

　例えば、「父が、亡くなる20年前にした兄への建物の贈与は、私の遺留分を算定する上で考慮されますか」「隣が境界ぎりぎりまで壁がある建物を建てようとしているのですが、何とかできませんか」といった、とっさに聞かれるとつい「どうだったっけ」と考えてしまう

ような質問をされることがあります。

このような場合でも、「遺留分」や「相隣関係」といった**おおよそのアタリをつけて六法を検索する**ことで、それなりの答えを見つけることができます（この精度を上げる上で、普段から条文を素読しておくというのは非常に良い方法です）。

弁護士会等や自治体の相談室に六法が置いてあるのは、飾りではありません（1コマ20分設定の自治体相談で、相談室に二分冊の大仰な六法全書が置かれているのは、飾りではなく"緊急時の護身用"だと聞いたことがあります）。

なお、「わからないことはその場でスマホで調べりゃいいじゃないか」という考え方もあるかもしれません。これも、今の時代、選択肢の一つとして考えても良さそうです。もっとも、客観的に見るとあまり見栄えがしないという点は留意しておきましょう。

パソコンに向かって仕事をしているときは、物事を調べていくとっかかりにウェブ上での検索を使うということも多いかと思いますが、相談者の前でこれをやってしまうと、どうしても「素人臭さ」が出てしまうのです。

相談者も最近はまず、インターネットで自分なりに調べてみてから相談に来ていることが多いので、法律家が自分と同じような方法で解決方法を探そうとしてると、頼りなく見えてしまうものです。

あなたもわざわざお金を払って行った料理屋で、大将がタブレットでウェブ上のレシピを調べて角煮を作ったりしているのを見ると、ゲンナリするでしょう？

もし六法を見ても、手元の資料などを見てもわからないときは、次項目の「半分持ち帰る」やり方をオススメします。

❷ 半分持ち帰る

どうしても自分のアドバイスに自信が持てないときには、「半分持ち帰る」というのも一つの手です。つまり、自分の知識、リーガルマインドを総動員して考えた一応の意見を述べた後、「持ち帰って調べ

た上で改めて補足する」旨を伝えるという方法です。

　特に、普段自分が余り手がけていない種類の事件だと、「知識としては、これこれこういう手続で処理するという方向性は知っているけれど、実際にどんな場合にその主張が認められるのかは、裁判例や実務の運用などを調べないと確かなことが言えない」ということも多いかと思います。そういうときには「半分持ち帰る」のが適しているのです。

　ここで重要なのは、**「断定的なことが言えないので、調べてまた後で補足します」という対応は、決してあなたの印象を悪くするものではない**ということです。

　相談者は、自分では問題の解決方法がわからないから相談に来ているわけで、あなたのそういう対応を見て、自分の問題が一筋縄ではいかないことに気付きますし、相談時間外に調べてフォローしてくれるというあなたの態度は、とても真摯で誠実なものに映るはずです。

　特に、相談相手に解決の指針をきちんと示してもらえなかったときには、もう一度別の専門家に相談する機会を持たなければならず、これは相談者には結構な負担となります。そのため、その手間が省けるだけでも相談者にとってはメリットがあるのです。

　また、この「半分持ち帰る」という方法は、あなたにとっても、①不確かなアドバイスで終えてしまうことで「あの弁護士（司法書士）いい加減なこと言いおって」と後で恨まれるリスクを低減する、②本来、その場限りであるはずの相談者とのつながりが続くことで、受任に結びつきやすくなる、という二つのメリットがあります。

　半端な知識でその場を取り繕うだけの役に立たない助言で終わるよりは、よっぽど良いと思いませんか。

　ただし、「家族が逮捕された」「心当たりが全くないのに預金口座を差し押えされた」など、ノンビリ構えてるわけにいかない相談も多いので、「半分持ち帰る」場合には、「迅速なフォロー」が絶対に必要です。

❸ 降参する

　法律相談で聞かれたことで、どうしてもわからないことは、「わからない」と言うほかありません。だって、わからないんだから。

　相談内容がきわめて専門的・特殊な内容で、満足な助言・回答をするためには相応の時間や負担がかかるという場合には、法律相談だけで対応できる範疇を超えてしまいます。「この相談の場ではお答えしかねる」という回答でもやむを得ない場合も出てきます。

　例えば、事件類型が限定されない一般相談で、課税処分の取消請求訴訟や、知的財産権の絡む個別具体的な事案の相談をされ、「どうですか勝てますか」と訊かれたような場合です（相談する方も、特殊な案件については、それに精通した専門家に相談しようと考えるものですが、稀にこうしたことが起こります）。

　もっとも、「降参する」といっても、それは法律相談の時間内での対応が困難だというだけの話で、あなたが調べて対応できそうな問題であり、かつ、相談者もそう望むのであれば、**相談の場で事案の概要を聴き取った上で、事務所での継続相談という形をとれば良い**のです。

　ただし、生兵法は大怪我のもとです。税法や不動産登記法の細かな知識や実務経験が問題となるなど、自分だけで全てを抱え込んで処理するにはリスクが高すぎる場合には、適宜、付き合いのある税理士さん等他の専門家にも協力を仰ぐべきでしょう。

わからないことを訊かれたら調べてあとでフォロー

　「聴き手は常に相談者よりも上にいなければならない」というのは大いなる誤解だが、何も知らないのでは困る。

TIPS

よし！
担保権
のみの
抽出に
成功したぞ！

でも
調べますので
1週間くださ
い。

知りませんよ
そんなこと。

抵当権だけの
譲渡って
できるもん
なんですか？

13 相談者が感情的で 聴取やアドバイスが困難なとき

　法律相談ではときに、非常に感情的な相談者と対峙しなければならないことがあります。必要な事情の聴取もままならず、また何を言っても被せ気味に反論され、一向に話が前に進まないまま時間だけが空費されていく…。そうなると、あなたの方も疲れと焦りを感じてきます。

　そんなとき、どのように対応するのが良いのでしょうか。

❶ 「感情的な相談者」を敵視しない

　感情的になり、助言に耳を貸そうとしない相談者に、あなたは思わず反発を感じてしまうかもしれませんが、そこで**一歩離れて見つめ、冷静になってみて下さい。**

　法律を学ぶということは、理路整然とした論理的思考を身につけるということですが、その結果、あなたは知らず知らずのうちに「感情が先走る相談者」の態度を受け入れがたいと感じるようになっているかもしれません。

　「そんな相手との大昔のやり取りなんか請求権の成否に関係ないじゃないか」「加害者の事故後の言動に腹が立ったのはわかるけれど、過失の有無自体とは関係ないでしょう？」という気持ちはわかります。実際、相談者の強調する点が、事件の争点とほとんど関係してこないということは珍しくありません。

　ところが、**人と人との問題を扱っている以上、相談者を感情的にさせている現状を無視して、理屈だけで押しても絶対に解決には向かわない**のです。

　例えば、経験豊かな大先輩と一緒に法律相談に入ったとき、感情的・攻撃的になっている相談者を前に、大先輩の対応が鷹揚過ぎてもどか

しいと感じてしまったことはないでしょうか。私も駆け出しの頃は師匠のそのような対応に、「何で、こんなわからず屋にもっとガツンと言わないのかな」と思ったものでした。

ですが、経験が増えてくるに連れ、感情的な相談者に真正面からぶつかっていくことには、ほとんど意味がないということがわかってきます。法律家としてどうか、ということではなく、単純にそうするメリットがないのです。

むしろ、相談者の話を遮って理屈で押さえ込もうと躍起になっていた当時の自分の方が、冷静さを欠いていたのだと今になって思います。

相談者を「冷静になりきれないわからず屋」と決めつけて押さえ込もうとするのではなく、助言の糸口を見つけるよう努力するのが肝要です。

❷ 対応の仕方、あれこれ

相談者がヒートアップしてしまう原因には、相手方との激しい対立や不安、あなたのアドバイスと相談者の意識との乖離、元々の性格などがあります。

とはいえ、残念なことに感情に流されて紡ぎ出される相談者の言葉が、事案の解決に直接意味を持つことは少なく、あなたもふんふんなるほどと聞いているだけでは、話が一向に前に進みません。

その際に、どう対応するのが良いか、いくつかのパターンを挙げたいと思います。

(1)　しばらく様子を見る

とりあえず気が済むまで相談者の思うように話をさせてみることです。

その際、適度に相づちを打ち、若干の疑問を感じたときは軽く質問を挟んでみるのもいいと思いますが、基本的に話の腰を折らずに聴くようにします。

それで、相談者の気が済んで、あなたの話を聞く気持ちになるかもしれません。また、話し続けることで次第に冷静になり、「自分だけ

が話し続けても相談に来た意味がない」と思い至るかもしれません。

　ただし、漫然と聞いているとそのまま相談時間が終わってしまうことも十分考えられるので、**相談時間の残りが3分の1を切った時点で**もまだ続くようなら、そこで相談終了までの時間を指摘してストップを入れ、必要な事情聴取とアドバイスに移るべきでしょう。

(2)　ときには徹底的に正論を並べる

　また、感情の波にさらされている相談者に対し、**徹底的に正論を述べ続ける**というのも、一つの方法です。

　「あなたのいうことは一理あると思うけれど、裁判ではそれを立証できるだけの材料がないでしょう？」「確かに相手の態度は不当だと思いますが、残念ながら裁判となったときには、そこはほとんど考慮されないのです」というようにです。

　相談者の感情は感情として、実際にそれが相談者の利益に必ずしもつながるものではないということを、理路整然と論理的に説明するのです。そのように感情的になっている**相談者自身に、損得を考えさせ、冷静になってもらう**ことを目的としています。

　ただし、どの業界でも「正論」しか口にしない人は嫌われるもので、これにはなぜか例外というものがありません。

　また、先に書いたように、感情に支配されている人には、本来「理路整然とした論理的思考」そのままでは浸透しないのです。

　そこで、ここでは相談者に「高圧的に押しつけられた」などと感じさせないよう、やんわり、じんわりと説明を尽くす必要があります。

　相談者を敵視せず、かつ敵視されないよう、**「私も全くそう思うが、残念ながら」という態度をどこまで示せるかがポイント**です。

(3)　あきらめる

　あなたが精一杯努力したにもかかわらず、相談者の気持ちが収まらないまま相談終了時間が来たときは、**あきらめる**という選択肢もあります（正確には、その選択肢しかありません）。

青臭い理想論を抱いて法律の世界に飛び込んできた私達は、比較的早い段階で、**「あるべき正義」**と**「事案の解決」という二つの相容れない価値観の間**で否応なしに現実を見せつけられます。

それは、立証の壁であったり回収可能性の壁であったり、また条理と法律・制度との間の埋められない差であったりするわけですが、我々がそれと折り合いを付けるまでにはそれなりの時間が必要です（1年？　2年？　3ヶ月くらいで達観できる人もいるかもしれませんね）。

そのように我々が相応の時間をかけてようやく納得していくのと同様の過程を、20分や30分程度の法律相談で問題の当事者に理解せよというのは、そもそも無理な話なのかもしれません。

いつまでたっても相談者が冷静になれない場合には、あなたとしては、**得られた情報を基に自分の意見・結論は述べた上で、平行線のまま相談を終えざるを得ない**のです。

このとき、あなたの相談だけでは終局的な解決の方針は見いだせないため、居心地の悪さを感じるかもしれません。

しかし、そのような「法律相談で自分の思いと異なる助言がなされた」という事実が何度か積み重ねられることにより、相談者の意識、考え方も変わってくる可能性があります。

そう考えると、この「あきらめる」という対応にも一定の意味はあるように思えるのです。

TIPS

自分も感情的になってしまいそうなとき、心の中で「所詮は他人事」とゆっくり3回唱えてみよう。

間違いを伝えてしまったことに後から気付いたとき

❶ 気付いたのならできる限り早くリカバリーを

　相談が終わってから自分のした助言の間違いに気付いたときは、**速やかに相談者に連絡を取り、正しい内容を伝え直すべき**です。

　例えば、「裁判を起こす際の予納郵券の額を伝え間違った」というようなケースは、間違いといえば間違いですが、それほど大きな問題ではない、と私なんかは思います（貼用印紙額と違って、予納郵券の額は庁によって少しずつ違います。念のため）。

　郵券額は、訴状を提出する段階までに情報が正しく補正される可能性が高いですし、仮に少しくらい額が不足していても、それで訴状の受理自体がなされないということは考えにくいからです（受理された上で、不足分の追納を指示されることになるでしょう）。

　ただし、条文や制度の単純な知識でも、間違って伝わることで相談者が大きな不利益を被ることがあり、その典型が期間制限の類いです。

　例えば、詐害行為取消請求や遺留分侵害額請求の期間制限を「3年ですよ」と間違って伝えてしまったというケースです（⇨ P.104 資料❸参照）。

　この場合、相談者が自ら間違いに気付くことは困難ですし、あまり日常的なトピックでもないので、誰かが親切心で正しい情報を教えてくれるということも期待しにくいところです。

　また、どちらも「いろいろとめんどくさそうだし、時間はあるみたいだからおいおい考えよう」となりがちな問題です。そして、間違ったアドバイスを信じてしまうことによって、請求権の行使自体ができなくなってしまうという重大な不利益が待っています。

　あなたの不正確な助言を信じて損害を被った相談者は、あなたが

もっとも望まない形であなたの名前を思い出してくれるでしょう。この手の問題は、忘れた頃に燃え上がるものなのです。

　やはり、助言した内容が間違っていたことに気付いたのであれば、速やかにリカバリーを行うべきです。事務所での来所相談であれば連絡先を記録しているでしょうし、弁護士会等や自治体での相談でも予約時の氏名、住所、連絡先の情報は残っているはずです。

　事情を話してそれらの情報を得、「以前お伝えした内容に一部不正確な点があったので、改めてご連絡させてもらいました」とでも言って、正しい情報に書き換えてもらいましょう。

　これは決してカッコイイことではありませんが、見ようによっては真摯な態度に見えなくもないのです。何より、**あなた自身のリスクの芽を摘むという大きな意味がある**のですから、「どうしよう、どうしよう」と思い悩む前にまず行動に移しましょう。

❷ 間違ったことを伝えないために

　ここで「そもそも間違えたアドバイスをしないように」というのは無粋な話ですが、自信が持てなかったり、心に何か引っかかるものがあったりする場合には**「断定的なことが言えないので、調べてまた後で補足します」という対応**（⇨本章**12**参照）が適しています。

15 相談内容が法的解決になじまないとき

❶ 法律の枠外の相談とはどんなものか

　相談を受けていると、あなたは相談者の持ち込む問題の中に、「法的解決になじまないもの」が紛れていることに気付くはずです。

　どんな場合があるでしょうか。

❷ そもそも法律問題ではない場合

(1)　パターンと対処の方法

　まず、「Aさんの言っていることが本当か嘘かを確かめてもらいたい」「今、仕事をしていないので、よい働き口を見つけてもらいたい」というように、そもそも法律問題ではないというケースです。

　この場合、法的知識を駆使して問題を解決に導くという法律相談の目的が達成できないのですから、法律相談を続ける意味もなくなります。

　しかし、自分が直面しているトラブルが法のチカラで解決すべき問題なのかそうでないのかは、相談者にとってはわかりにくいことも多いものです。

　そのため、あなたとしては、**なぜ法律による解決の場面ではないのかを説明して、そこで法律相談を打ち切るべき**でしょう。といっても、それだけでは門前払い感が強すぎるので、**考えられる別の解決方法についてもできる限り言及してあげる**のがよいのではないかと思います。

　例えば、「当事者同士でよく話し合ってみる」「行政の制度の利用や相談窓口での相談を検討してもらう」というように、相談者が今後どのように動いたらよいのかという点について触れられるとよいでしょ

う。

　この場合に、「法的なアドバイスまで至らなかったのだから、相談料は要りません」という対応をとるのか、それとも「時間はとられたのだから相談料は頂きますね」という対応をとるのか、そこはあなた自身の倫理観や職業意識と相談して決めて下さい。なお、弁護士会や自治体等の相談では、このような相談打ち切りの場合、相談料をもらわない（支払われた相談料を返金する）扱いとしていることが多いようです。

⑵　気をつけないといけないこと

　このとき注意しておくべき点は、**法律問題でない相談に対して必要以上に深入りしない**、ということです。

　これは法律の専門家としての領分を超えることになりますし、自分が責任の持てないことがらについて、相談者に無用な期待を生じさせる結果にもなりかねません。「法律相談でこうすれば良いと言われた」と受け止められることで、それが後々トラブルになるおそれも考えられるのです。

❸ 相談内容自体が荒唐無稽な場合

⑴　パターンと対処の方法

　「隣の家から夜ごと強力な緑色の電磁波を送られ続けて健康を害したので、何とかしたい」というように相談内容が荒唐無稽で、解決方法を考えようにもなかなか手の付けどころがないという場合も考えられます。

　ある程度相談の経験が増えてくると気付くことですが、この種の相談内容は決して珍しいものではありません。

　ただ、このようなケースでも程度に差があり、相談者がやや神経質に過ぎるという場合もあれば、かなり精神的安定を欠いていると思われる場合もあります。

　これらの場合にどのような対応がベストなのかは、非常に判断に迷

うところですが、**もっともしてはならないのは、相談の際に相談者の説明の矛盾を追及してその論理の破綻を自覚させようとすること**です。

　20〜30分しかない相談時間でそのような相談者の根の深い問題を、あなた一人が片付けられるなどとは思わないことです。

　むしろ、そのような対応をとることによって、相談者を感情的にさせ、場合によってはあなた自身に攻撃の矛先が向けられることが懸念されます。

　ではどのように対応するのが適切なのでしょうか。

　あくまで私見ですが、そのような場合も、**淡々と相談者の説明に話を合わせ、原則どおり、法的な見地からアドバイスをする**のが適切なことが多いように思います。

　例えば、先に書いた事案を例にとると、「なぜ隣人があなたにわざわざそのようなことをするのか」「電磁波を送られ続けているというのはなぜわかったのか。そういう機械を見たのか」「あなたの言う電磁波攻撃と心身の不調について医師は何と言っているか」といった点で、立証の困難性という問題が必ず出てくるはずです（そのような困難性がないというのであれば、そもそも「荒唐無稽な相談」ではありません）。

　そこで、「なぜ見えないのに電磁波が緑色だとわかるの？」と問うのではなく、以上のような立証上の問題点を指摘し、「たとえ法的手続に乗せたとしても、相談者の望む結果が得られる見込みは極めて低い」という助言を行うことになります（そこには何らの嘘もありません）。

(2)　気をつけないといけないこと

　ここでも気をつけなければいけないのは、やはり**相談に対して必要以上に深入りしない**ということです。

　中には、相談者の説明内容が支離滅裂過ぎて、専門医の診療を受けてもらった方がよいのではないかと思われる場合もありますが、それ

を直接相談者に指摘することは（先に❸(1)で書いたのと同じ理由で）避けるべきでしょう。

また、相談を受ける側として当然に守秘義務を負っているのですから、あなたがいずれかの医療機関に相談者のことを相談するということも許されません。

相談者に誰かの生命・身体や財産に危害を加えるような言動が見られた場合には、あなたはそれを助言によって思い留まらせるよう努力し、場合によっては警察への協力を求めるべき場合があるかもしれません（その場合でも、守秘義務〈⇨本章❾参照〉を免れる「正当な理由（事由）」があるといえるかは慎重に判断します）。

ところが、そのような場合でもない限り、あなたが相談を受ける側の立場でできることは、ほとんどありません。

そのような相談者をそのまま帰してしまうことに少し抵抗を感じてしまうかもしれませんが、**その点への対処は、少なくとも法律相談には求められていません。**

このような相談者は、自分の納得のいく助言が得られるまで、何度も法律相談を繰り返すということが多く、その繰り返しの中でいつか真実にたどり着けるかもしれません。

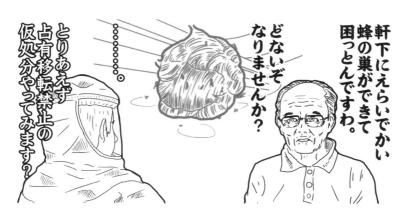

とりあえず占有移転禁止の仮処分やってみます？

どないぞなりませんか？

軒下にえらいでかい蜂の巣ができて困っとんですわ。

16 相談困難者に当たったとき

❶ 相談困難者とは？

相談に来たはずなのにこちらの話を全く聞こうとしない、事情を聴き取ろうとしても自分のペースで延々と話し続ける、終始、紛争の相手方を罵倒する言葉を並べ続ける、意に沿わない助言に対しては声を荒げる、という相談者がいたとします。

また、あなたの助言の内容に対し、逐一、否定的な意見を述べ、あなたの判断が不当であると攻撃してくる相談者がいたとします。

こういった相談者には、「やんわりと遮る」方法（⇨第2章❸参照）もあまり効果がないため、助言のために必要な事情を聞き出すことすら難儀するものです。そのような相談者に対して、どのように対処すべきでしょうか。

❷ まずはやはり解決を目指してみる

相談困難者の相談では、事情聴取が困難であったり、相談者の言い分が特殊すぎて、（裁判所を含む）一般の理解が得られなかったりということが考えられます。

もっとも、そのような場合でも、頭に置いておかないといけないのは、**そういった相談者の言い分も聞いた上で、まずはできる限り問題を解決する方向に向かわせる努力をするべきだ**ということです。

わざわざ高い相談料を支払って相談に来ているのは、普通は専門家としてのあなたの見解を聞きに来ているからで、相談者があらかじめ持っている価値観や言い分は、あなたの意見や見立てと違っていて当たり前なのです。来る相談のうち、ヤヤコシイものを片っ端からはねつけていたのでは、専門家が助言を行う意味がありませんし、何より

仕事になりません。

ですから、まずは深呼吸をして、そのような相談者からの困難な聴き取りに取り組んでみて下さい。

❸ 最終的にたどり着くべきところは「見解の相違」

法律相談もコミュニケーションですから、互いに相手の言葉に耳を傾ける態度があって初めて成り立つものだと私は思います。

ところが、相談困難者の中には、いわば「自分の意見が正しいこと」を確かめるために、法律相談というシステムを利用しているという人もおり、これは単に紛争に巻き込まれて感情的になってしまっている相談者（⇨本章**13**参照）とは本質的に異なっています。

そのような相談者は、相談の場で得られた助言と自分の意見・言い分の擦り合わせを行うという考えがないので、あなたが努力して聞き出した事情を基に専門家としての意見を述べたとしても、それで問題が解決に向かうことがほとんどありません。

このような場合、限られた時間内に「法的知識を駆使して相談者を問題の解決に導く」という法律相談の目的を達するのは、かなり難しくなります。

何を言っても「でもね」や「違いますやんか」として否定され続けると、あなたの方もつい心が折れてしまいそうになります。

ただし、そのような相談者の意見とあなたの意見とが異なる場合でも、**安易に相談者に同調することは避けるべき**です。

人は本来、易きに流れるものなので、面倒くさいとつい「そうですね、そうですね、そうでございますね」といった対応をとりたくなるものです。しかし、これをしてしまうと、「自分の意見を支持してくれた専門家」であるとして、後々あなたが厄介な問題に巻き込まれてしまうおそれがあるのです（その場限りで終えたい相談者に限って、不思議と末永くご縁が続くものです）。

そもそも、受任後の方針協議と違い、**法律相談では相談者とあなたの意見とが最終的に一致することなど、毛ほども求められていません。**

ですから、**あなたの助言と相談者の考えがどうにも交わらないのであれば、それはそれで平行線（あるいはねじれの位置）のまま、「見解の相違」として相談を終れば良い**のです。

法律相談の経験が乏しい若手のうちは、どうしても「ややこしい相談者」の相談を敬遠したり、逆に果敢に挑んでいこうとしてしまったりしがちです。しかし、ある程度経験を積むと、この「平行線で良い」という感覚がわかってくるため、相談困難者といわれる人の対応もさほど怖くなくなるはずです。

❹ 対応の際の注意点

無駄に怖がる必要はないとはいえ、相談困難者とされる人の中には特殊な考え方をする人もいるので、いくつかの注意が必要です。

⑴　常に「録音されているかもしれない」という意識で

たいていの法律相談では録音は禁止されているはずですが、中には隠して録っている相談者がいるかもしれません。「30分5,000円（税別）も払っているのだから、一度聞くだけではもったいない」と考える人がいてもおかしくはないのです。

特に、相談者があなたの意見、助言を利用しようとしている場合は、この秘密録音のおそれは、より大きなものとなります。

そのため、助言に当たっては、**相談者の意見に安易に同調するような態度は控え、また「もしかしたら録音されているかもしれない」という意識で発言する内容にも注意**しなければなりません。

また、録音のある無しにかかわらず、あなたとしては常に相談者に自分の意見を明確に伝えるよう心掛けるべきです（それが、相談者にとって望ましい内容であるか否かは別としてです）。

⑵　無用な恨みを買わないように

相手方に向けられている悪意が、ふとした拍子に相談を受けたあなた自身に向け変えられるということも考えられます。

あなたとしては全くの善意から助言したつもりなのに、その内容が

気にくわないとして、相談者から非難されたり中傷されたりするというのでは、全く何のための法律相談かわかりません。

とりわけ、近時はクライアントに親身に、誠心誠意、対応した専門家が理不尽で身勝手な暴力の犠牲になるという、非常に痛ましい事件を目にすることが多くなりました。相談困難者に当たった際にあなたがまず何よりも先に気をつけなければならないことは、**その相談者が後々あなたやあなたの事務所のスタッフ、ビジネスパートナーや家族に悪影響を及ぼすリスクをいかに排除するか**という点です。

具体的には、要らぬ反感を持たれないよう、ここでも「口調は穏やかに、ゆっくりと」「説明は明確に」という点（⇨第1章**8**参照）を意識する必要があります。

また、相談困難者の場合、逆に、気に入られ頼りにされても困るという場合が多いでしょうから、「私の意見はあなた（相談者）の意見と違うため力にはなれません」ということをはっきりと伝えることも忘れてはなりません。

最終的に、相談者に「丁寧な物言いをする先生だったが、自分とは意見や見方が違うので使えない」と理解してもらうだけで成果としては十分です。

TIPS

「別の人は『勝てる』と言っていた」という相談者に、「じゃあその人に頼んでよ」と思うのはごく自然な反応である。

17 セカンドオピニオンを求められたら

❶ セカンドオピニオンとは？

　法律相談では、既に他の法律家に相談・依頼中の相談者が訪れることがあります。近年はこうしたセカンドオピニオンもよく行われるようになりましたが、その際に気をつけないと思わぬトラブルに巻き込まれることがあります。

　セカンドオピニオンとは、実務法曹に関して言うと、**相談者が、既に相談・依頼している法律家とは別の法律家に、自己の法律問題の評価や対応方針について求める「第2の意見」**のことです。相談者は、それぞれの法律家の意見を元に、自分自身の抱える問題の深刻度や対応の必要性・対応方法の適否について理解を深め、納得のいく解決方法を選択できるようになります。

　具体的には、「他の解決方法の可能性がないか」「既に相談・依頼している法律家の意見が適切、妥当か」「相談・依頼している法律家から示された選択肢（訴訟や示談など）を選ぶ際のアドバイスを別の法律家からもらいたい」等の相談が想定されます。

❷ セカンドオピニオンを受けたときに確認すること

　相談者が既にある法律家に依頼中であっても、他の法律家に依頼や法律相談を行うことが禁じられるわけではありません（職務基本規程40条）。

　もっとも、相談者が既に別の法律家へ依頼中の場合、相談を受ける法律家は少し慎重になる必要があります。実務法曹界では、セカンドオピニオンの一般的な意義は認めつつも、いざ自分の依頼者が他の法律家に意見を訊くとなると、心穏やかではいられないという人もまだ

まだ多いことでしょう。相談者が既に相談・依頼している法律家の意見に何らかの不満や疑問を持っているということでもあるからです。相談者の側でも、依頼中の法律家に内緒で相談に来ているというケースが多いようです。

そもそも守秘義務から当然のことではありますが、相談者に対し、**「相談したことや相談の内容が依頼中の法律家に伝わることはないので安心して下さい」**と一言添えてあげると良いでしょう。

なお、相談者が既に相談・依頼している法律家があなたの知り合いであった場合でも、内容の如何に関わらず、セカンドオピニオンの相談があった事実は絶対に明かしてはなりません。相談者とその法律家との信頼関係が破壊されるおそれが高いからです（しかも、あなたが相談内容を他に漏らしたことも相談者に露呈してしまいます）。

❸「今の先生の方針や対応方法は適切ですか」と問われたとき

では、相談者から依頼中の法律家の対応について意見を求められたら、どう対応するのがよいでしょうか。

⑴　別の法律家の意見が適切だと思われるとき

ストレートにその旨を伝えるとよいでしょう。相談者はそれで納得して、委任前であればいずれの法律家にするかを検討・選択し、委任後であれば、今依頼している法律家に処理を任せることになるでしょう。

⑵　別の法律家の意見が不適切だと思われるとき

原則として、不適切だと考える理由、別の対応方法がより適していると考える理由を具体的に述べることになります。

この場合に注意しなければならないのは、**既に相談者が相談・依頼している法律家の意見や対応について、「不適切」「間違い」等のストレートな言葉で否定・批判しない**ことです。相談者は、自分の考えに沿った意見を得たいがために、自分に不利な事情を法律家にきちんと話さない場合があります。このリスクは、相談者が相談・依頼中の法律家に不満を抱いているセカンドオピニオンではより一層高まりま

す。すなわち、**あなたの意見それ自体が十分な判断資料に基づいていないおそれ**があるということです。

　また、人は自分の知識・経験が乏しい問題について、最初になされた意見よりも、それに対して**後からなされた否定的・批判的な意見をより信頼できるものとして受け入れやすい**という傾向があります。その結果、「不適切」等と直截に述べたあなたの意見が、相談者を通じ、さらに増幅された過激な形で相談・依頼中の法律家にフィードバックされることになります。さらに、相談・依頼中の法律家からあなたに対して、不当な干渉・批判であるとして責任追及がなされるおそれもあります。特に、セカンドオピニオンでの批判的な意見は、ともすれば事件の横取りを目論んでいると見られかねない危うさがあります。

　では、どのように対応するのが正解でしょうか。

　例えば「○○弁護士の判断にはそれなりの理由があるのかもしれないが、ご相談頂いた事情を元にすれば私としてはこのように考えます」という回答が適しています。**相談・依頼中の法律家の意見に一定の配慮を見せる**こと、あくまでも**相談の際に得られた事情を元にした自分個人の意見であることを強調する**ことがポイントです。これは相談者のためではなくあなた自身のためにです。

　また、**最終的な判断は相談者自身に任せなければなりません**。特に、依頼中の法律家との委任契約を解除して自分に依頼するように仕向けるような発言は控えた方が良いでしょう。

(3)　依頼中の法律家の対応が明らかに相当ではないとき

　先の(2)とは異なり、依頼中の法律家と対立してしまうとしても、**相談者の利益保護のために、その法律家の意見・対応の問題点を直接的・明確に指摘し、対応を検討させなければならない**ことがあります。

　この場合も、まずは相談者自身に、依頼している法律家と再度協議し、納得がいく説明をしてもらうよう勧めるのが原則です。

　ところが、法律家と一向に連絡が取れず、全く処理が進まないといったケースでは、悠長にそれを待つ余裕はありません。例えば、「時効

期間が迫っているのに、依頼中の法律家と連絡が取れず処理が全く進んでいない」といったケースです。この場合、あなたが相談者から委任状を得た上で、処理に当たることも検討しなければなりません。

なお、相談者が依頼中の法律家との委任契約を続けるのか、またこれを解消する場合にどのように費用を精算するのかについては、相談者自らで検討・対応しなければなりません。あなたとしては、弁護士会、司法書士会の紛議調停制度等を説明するなどのサポートにとどめるべきでしょう。あえて火中の栗を拾いにいく必要はありません。

❹ 既に依頼していた法律家に代わってあなたが受任する場合は

幸か不幸か、相談者が依頼していた法律家との委任関係を解消してあなたと委任契約を締結するという流れになることがあります。この場合も、**その受任していた法律家とあなたとの間で預かり資料などを直接授受することは避けなければなりません。**

書類や物品等の証拠資料は、万一紛失が問題となった場合、あなたがその責任追及に巻き込まれるおそれがあります。迂遠なようでも、従前の代理人から相談者に一旦返却してもらった上で、それをあなたが預かるという手続を取るべきです。

従前の代理人からメール等でデータを受領する場合やそれまでの処理状況を聴取する場合も、相談者（依頼者）に指示し、資料・情報の提供について守秘義務を解除する旨の連絡を入れてもらいましょう。

「こんなセカオピはイヤだ」

激しい動揺を見せる

親身じゃない

サードオピニオンを勧めてくる。

18 相談後にクレームを受けたら①
－法律家の対応に問題があった場合

❶ 法律相談の後に寄せられるクレーム

　法律相談ののちに相談者からクレームを受けるというケースは、法律家の対応に問題があった場合とそうでない場合に大きく分けられます。本項ではまず、法律家の対応に問題があった場合のクレームについて、その対応を検討しましょう。

❷ 法律家の対応に問題があった場合のクレームの類型

　法律家に原因があってクレームに発展するケースは、大きく分けると以下の3つのどれかに当たります。

パターン①　検討、判断が適切ではなかった

　法律相談の場で、事案の検討が適切でなかった場合とは、本来、法律家の立場から相談者に確認しておくべき事実を確認せず、不足した事実関係のまま検討を行った場合でしょう（⇨第2章❸参照）。例えば、相続の相談で相続人の人数や関係をきちんと確認しなかった、交通事故の事案で事故日や時効更新事由の確認をせず時効期間が迫っていることを指摘できなかったといったケースでしょうか。

　これに対して、判断が適切でなかった場合とは、適用される法令や、基本的に身につけておくべき重要判例・実務運用の知識が十分でなかったために、聴取した事実関係の評価や対応、手続の選択が正しくできなかった場合です。少し極端な例ですが、法定相続分や時効期間・出訴期間（⇨ P.104 資料❸参照）の理解を誤り正しい指摘・注意喚起ができなかった、過分な相続債務の負担が生じるのに法定単純承認（民921条）に当たる行為を指示してしまったといったケースです。

　ただし、クレームが寄せられた場合でも、まずはあなたの助言に本

当に問題があったのかどうかを慎重に検討する必要があります。あなたの助言が、相談者自身の意図的な事実の隠ぺいや虚偽の説明によってもたらされたものであれば、「不適切な助言」と評価できない場合があります。クレームに対して常に迎合的な対応をとることは適切ではありません。

パターン②　伝え方が適切ではなかった

　二つ目のパターンは、あなたの検討、判断は適切であったけれど、助言の伝え方に問題があった場合です。例えば、過度に断定的な表現であったり言葉足らずであったりしたために、相談者があなたの真意をつかめなかったといったケースです。極端な例を挙げると、消滅時効の期間が経過したのちに訴訟提起ができるかという質問に対し「できますよ」と答える場合でしょうか。訴訟を提起できても、消滅時効の抗弁が認められ、結局請求が棄却されるのであれば、相談者の真の要求は満たされなくなります。ところが、相談者は「6年後でも7年後でも訴訟提起はできる」というあなたのアドバイスをそのように理解してくれるでしょうか。

　これは、相談者の「求めていること」を法律家の立場から正しくつかみ（⇨第2章**4**参照）、相談者のニーズに合った「一歩踏み込んだアドバイス」（⇨第2章**6**参照）ができているか、その一方、不用意に断定的・楽観的な助言になっていないか（⇨第2章**5**参照）という問題です。

　なお、ここでは「不用意に財産的取引を行うことを勧めた結果、相談者に思わぬ課税が発生した」という場合も含まれます。課税や登記手続など、あなたの知識だけで対応できない専門的な事項は、「一度、税理士（司法書士）さんにもご相談ください。」と一言添えましょう。

パターン③　相談時の対応が適切ではなかった

　三つ目は、法律家としてのあなたの対応に問題があったパターンです。これは、先の二つとは少し趣が異なりますが、実は法律相談に関

して寄せられるクレームでは最も多いのです。相談の際の法律家の言動・対応が非常に横柄であったという場合もあれば、想定外の高い相談料を請求されたという場合もあります。

　前者に関しては、わかりやすく丁寧な対応を心がけ、実現困難に思える相談内容であっても決して馬鹿にした、あるいは冷淡な態度をとらないことが大切です（⇨第1章**8**参照）。あなたは真摯に対応していたつもりでも、一般の方が使わない専門用語を多用した早口な話し方では、相談者は「私に全く配慮しない失礼な人だ」という印象を持ってしまうこともあります。

　後者は、相談料の事前の説明が十分でないために生じることが多いのですが、あなたの**アドバイスや相談対応自体に、相談料の額に見合った価値がないという相談者のメッセージ**であることも少なくありません。

　こうした法律相談の形式的な面に着目したクレームは、**法律家のアドバイスの内容が相談者の期待に反して厳しい見通しを伝えるものである場合**によく呈されます。つまり、法律家の助言が相談者に否定的なものである場合、法律家の言動まで批判的な目で見られやすくなるということです。当然のことながら、相談者は自分に不利な助言の内容それ自体も批判的に見ますから、このクレームは、先に見たパターン①、②と一緒に主張されることも多いのです。

❸ どのように対応すべきか

　以上の3つのパターンのうち、①と②については、法律家としての落ち度が明確であるために、争う余地が乏しい場合も多く、率直に謝罪し、潔く相談料を返還することも積極的に検討すべきでしょう。一方、③のパターン、特に相談料の額を巡る問題については、客観的な価値について相談者と法律家の間に埋められない認識の乖離が生じる場合があります。もっとも、相談者の指摘を真摯に受け止めた上で、相談料を返すという対応をとる方が、紛争のエスカレートを避けられるといった、法律家の側にも良い結果となることが多いでしょう。

❹ 弁護士・司法書士の賠償責任保険について

　クレームが寄せられるということは、何らかの経緯で相談者があなたのアドバイスが不適切であったという事実に気付いたということです。セカンドオピニオンでアドバイスの誤りを指摘されたというパターンも多いのですが、より深刻なのは、あなたの誤った助言を元に行動した相談者が、実際に不利益を被って誤りに気付いた場合です。相談者に相応の損害が発生していると、5000円や1万円の相談料を返して終わりというわけにはいかないことがあります。

　法律家としての損害賠償義務が生じる場合には、弁護士・司法書士の賠償責任保険による対応も検討しなければなりません。

　なお、公的機関等の法律相談担当者として登録する場合に一定以上の補償内容の賠償責任保険に加入していることが要件とされることがありますが、保険金額以外にもいくつか注意が必要な点があります。

　弁護士賠償責任保険においては、弁理士、税理士、渉外業務、未成年後見業務等、補償が標準付帯とならない業務があること、いずれの賠償責任保険においても（賠償請求権の時効期間とは異なる）「賠償請求期間」（同期間中に被害者から損害賠償請求が行われた場合に限り補償）という概念があることです。もしもの場合に備えて、保険の内容も確認しておきましょう。

相談料は適正な業務対価であるべきだが、多くの場合、その保持に固執するほどの価値はない。

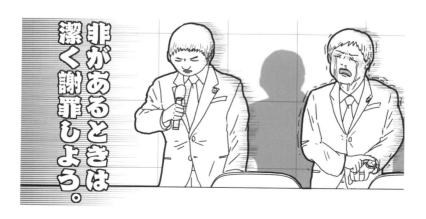

非があるときは潔く謝罪しよう。

相談後にクレームを受けたら②
－法律家の対応に問題がなかった場合

❶ 法律家の対応に問題がなくともクレームは生じうる

　相談者からのクレームには、法律家の対応に問題がなかったという場合もあります。相談者のクレームが、相談者自身が助言の内容や趣旨を誤解したことによって生じた場合であれば、再度、法律家の側から正しい説明を行うことで誤解は解けるでしょう。

　もっとも、そうした相談者のクレームが他者のアドバイス、指摘に基づいて行われているときは、少し対応に苦慮する場合があります。先に書いたように、あなたの助言が相談者に否定的なものである場合、相談者は別の法律家に相談を行うことが少なくありません。**セカンドオピニオン**（⇨本章**17**参照）自体に何ら問題はないのですが、これに応じた法律家の意見が不適切であった場合はどうでしょうか。その法律家の誤った意見が相談者の期待に沿ったものである場合、相談者はあなたの助言が間違っていたという捉え方をしてしまいがちです。これが別の法律家に対するセカンドオピニオンであればまだ良い方で、法律家であるあなたの意見に対する反論として、「法律家でない知人の意見」が引き合いに出されることすらあるのです。

　こうした形で寄せられたクレームに対しては、説明を尽くしても容易に誤解が解けないことがあり、最終的には「見解の相違」として平行線のまま終えざるを得ないときがあります。

❷ 不当なクレームに遭ったら

　法律家に対する嫌がらせ目的の不当なクレームの場合、また、法律家の助言になにがしかの落ち度があったとしても、およそその程度に見合わないような、過剰・執拗な責任追及を示唆される場合もありま

す。こうした場合でも、法律家としてはまずは、相談者に対して、そのようなクレームには理由がないこと、自身の助言や対応には問題がないことを、誠意を尽くして説明する必要があります。

　大切なことは、決して一人で向き合わず、相談できる同業者を探すことです。自分一人で不当な業務妨害に対応しようとすると自分でも気付かないうちに、精神的に追い詰められてしまったり、あるいは反動で過激・苛烈な対応を取ってしまったりするおそれがあります。

　また、懲戒手続に掛けられた場合は、信頼できる弁護士など第三者に対応を依頼することも検討しましょう。日本弁護士連合会（日弁連）には、相談者・依頼人等関係者とのトラブルを抱えた会員をサポートする相談窓口があり、また同様の制度を整備している単位会もあります（私の所属する兵庫県弁護士会でも、2022年4月から「会員サポート窓口制度」という会員向けの相談事業が開始されました）。多くの司法書士会では若手から中堅会員によって組織される青年部（青年会）を設けており、こうした業務上のトラブルや悩み事を相談することができます。

　懲戒手続まで進んでしまう案件の中には、法律家が周りに相談できず孤立したために、相談者等への対応を誤ってしまったケースが少なくありません。周りに相談できる人をつくること、できるだけ、経験のある先輩の専門家に相談できる環境を整えることが大切です。

Column 3 「相談者に与える印象」の大切さ

　他人に対する第一印象というものは、その後のその人との関係を方向付けてしまうだけのチカラを持っています。初めて会う人に対する印象は、面と向かってわずか数秒で決まってしまうといわれていますが、法律相談という場面に限って言えば、このときに得られた印象が後から覆ることはほとんどありません。

　要するに、相談者が相談室のドアを開けてから椅子に座るまでに、あなたの印象は確定してしまうかもしれないということですね。

　また、人は誰でも専門家を頼ろうとするとき、無意識に自分の中で「その専門家のあるべき姿」というものを思い描いています。弁護士や司法書士といえば、「スーツを着て小難しいことを堅苦しく話す人」というところでしょうか。これは、実は相談者があなたに求めている像（イメージ）であるともいえます。

　そういったイメージを、「意外と話しやすかった」「思っていたより親身になってくれた」というように、良い形で裏切るのはアリだと思うのですが、やっぱり身だしなみや立ち居振る舞いには気をつけなければなりません。

　法律相談に限らず、だらしない恰好や言動が人間関係で良く作用することはほとんどありません。特に、身なりや話し方がきちんとしているかどうかは、一般の方が弁護士、司法書士に求めるイメージのかなり大きな部分を占めているように思います。私を含め、世の弁護士が自身のウェブサイトで、胡散くさいほどの笑顔を作った写真を載せているのはなぜなのかを、よく考えてみて下さい。

　それだけ、見た目が相手に与える印象が大きく作用する仕事だからなのです。

　相談者の側からは、あなたが本当に優れた能力を持っているのかどうかを判断することは難しく、特に法律相談という限られた時間の中では、あなたの話しぶりや表情、居ずまい、見た目といった自分が理解できる情報から推し量るしかないのです。そうした点を省みず「中身が大事」というだけではあまり意味がありません。

　とはいえ、法律の専門家だからといって、派手な色のスーツを着たり気取ったネクタイやチーフを身につけたりしないといけないわけではありません。清潔感のある服装をし、爪や髪はきちんと手入れしていることがわかる形で整えましょう。また、必ず姿勢を正しく。ふんぞり返ったり斜に構えるのは考えものです。その上で、相談者には一定の距離と節度を保った話し方で接して下さい。

第4章

刑事事件の法律相談の留意点

「家族が逮捕されてしまった」「犯罪の被害に遭ってしまった」というように、刑事事件に関わる相談を受けることがあります。関係者が身体拘束を受けていたり、情報の取得が難しかったりなど、特有の問題も多く、民事事件とは少し異なった心構えと対応が必要です。

1 | 刑事と民事の決定的な違いって？

❶ 法律相談の基本は同じ

　法律相談では、刑事事件に関わる問題を尋ねられることも少なくありません。交通事故や民事事件との関連で持ち上がることもあれば、ストレートに刑事事件の処罰や被害に関して尋ねられることもあります。

　相談者自身が事件の当事者である場合もあれば、事件の直接の当事者の親族など近しい方の場合もあります。行政相談、消費者相談など、特定分野に関する法律相談でもときに問題となることがあります。

　刑事事件に関わる問題は、生じる結果や当事者・関係者の受け止め方が重大であるため、法律相談での対応、特に以後の処理・対応方針に関するアドバイスの内容は、より慎重に検討する必要があります。

　そこで、以下では、刑事事件、少年事件（以下、これらを合わせて「刑事事件等」といいます）について、取り上げてみたいと思います。

　とはいえ、法律相談の場で法律家に求められる対応やそのための知識はある程度限られたものとなりますので、基本をきちんと押さえておけば、民事、家事等の相談とそう大きく異なるものではありません。

❷ 相談で尋ねられる刑事事件はどのようなもの？

(1)　被害者側か加害者とされる側か

　相談内容やアドバイスに影響しうる要素を、いくつかの視点に分けて整理してみましょう。まずは、相談者が刑事事件等において、**被害者側なのか加害者とされる側なのかという区別**です。いずれであるかによって、尋ねられる内容や求められる知識、行うべきアドバイスの内容も大きく異なります。

ここで「加害者とされる側」としているのは、被疑者・被告人等として捜査・訴追の対象とされているものの、相談者自身は犯罪の嫌疑がないと訴えているケースを含む趣旨です。なお、以下では、そうした場合も含めて「加害者側」と記載します。

(2)　事案の直接の当事者か関係者か

　相談の場に来ている人が、**刑事事件等の直接の当事者なのか否か**という点も重要です。

　被害者側では、被害者が入院中であったり、不幸にも亡くなっていたりすると、親族等が相談に来られるという場合があります。

　一方、加害者側の場合は、被疑者・被告人となっている加害者本人が相談に来ることもありますが、逮捕・勾留されているとこれができないため、親族や交際相手、職場の関係者などが代わりに相談に来ることがあります。「家族が逮捕されたが、どうしたらいいですか」という相談はしばしば経験するところです。

　「当事者と利害関係」（⇨第3章**1**参照）でも触れたところですが、相談者が刑事事件等の直接の当事者なのかそうでないのかという点は、非常に重要です。とりわけ、刑事事件等においては、そもそもアドバイスの元となる**情報の取得の方法・可否に大きく影響**します（また、被害者側の事案では、後述するように、この情報の取得方法自体がアドバイスの重要な部分を占めることも少なくありません）。

(3)　法的手続に至っているか否か

　3点目の視点としては、刑事事件等が**既に法的手続に至っているのか否か**という点です。刑事事件では、起訴・略式起訴される前の段階であれば、被害者にとっても加害者にとっても、起訴の回避やそのための示談を行うかという視点が重要になってきます（示談は、起訴後も問題となりますが、少し目的が変わります）。

　一方、少年事件では、そもそも嫌疑がないとされる場合や、軽微な道路交通法違反の場合などを除いて、全件が家裁に送致されることに

なるため（全件送致主義）、刑事事件のような法的手続の回避という視点は希薄です。もっとも、送致後は審判不開始に向けた活動が必要となる場面もあり、やはり法的手続に至っているか否かは、一定の重要性があります。

⑷　加害者が身体拘束されているか否か

(2)の視点と大きく関連しますが、**加害者が身体拘束されているか否か**という点は、被害者側、加害者側いずれからの相談であっても重要なファクターとなります。加害者が身体拘束を受けている場合、被害者側にとっては、被疑者、被告人や受刑者の身体拘束がいつ終わるのかという点は大きな関心事となりますし、加害者側の相談では、できる限り早期に拘束からの解放をする為にはどう動いたら良いかという点に強い関心が向けられます。

⑸　故意犯か過失犯か

もう一つの視点として、問題となる刑事事件等が**故意犯か過失犯か**という点があります。問題とされている犯罪事実が故意（未必の故意を含みます）によるものなのか、それとも過失によってもたらされたものなのか、これは加害者にとっては非難の程度が大きく異なります。一方、被害者にとっても、加害行為の受け止め方や被害感情に大きく影響します。もっともここで注意が必要なのは、**過失犯であったとしても、被害者の受け止め方がそのことによって軽くなるとは限らない**という点でしょうか。

❸刑事事件等と民事事件の決定的な違いとは

法律相談で問われる刑事事件等の類型について、いくつかの視点に分けて見てみました。これらを一見すると、例えば、交通事故事件の被害者・加害者の立場や示談段階と訴訟・調停等提起後の対応の別など、通常の民事事件の場合とそう変わらないようにも思えます。

もっとも、刑事事件等では、被害者側にとっては加害者等に対する

処罰感情、犯罪被害からの救済などが問題になります。加害者側にとっても身体拘束や科刑・行刑という刑事・少年事件に特有の問題があります。これらは、金銭賠償（民417条）を原則とする民事上の問題とは一線を画し、どれも深刻で慎重な対応が必要となる事項です。

　また、刑事事件では、被害者と加害者という単純な二極対立構造ではなく、両者の間に警察や検察官等の捜査機関、裁判所という刑事手続の主宰者が介在することになります。これは多くの場合、被害者・加害者のいずれにとっても、直接対峙することによるストレスの代わりに、先行きの不透明さや無力感、疎外感、それらによる不安感を感じさせ、また、増大させる要因となっています。それ故、民事事件の場合よりも法律家による助力が必要とされる度合いが高いといえます。

　加えて、そもそも取り扱う問題が民事、家事等の問題に比べると一層深刻で不条理なものになりがちであるため、いずれの場合も、法律家としては**相談者の立場に強く寄り添った対応・アドバイス**が求められます。

　端的な例を挙げると、「加害者にも事情があったのだから一定の理解は必要です」という調子では遺族との信頼関係の構築は難しいでしょうし、無実を訴える相談者に対して「懲役○年くらいは仕方ないですよ」という態度では相談になりません。刑事事件等の相談では、民事事件等である程度考慮する「落ち着きどころ」や広い意味でのバランス感覚という視点は二歩も三歩も後退することになります。

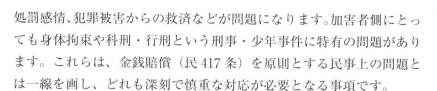

2 法令上の期間制限と 見通しの伝え方

❶ 時間との闘い

　刑事事件等で、加害者本人が身体拘束されている場合、その本人は相談に来ることができません。そうした事案では、加害者本人に代わって、その親族や交際相手、職場の関係者など（以下では、「親族等」といいます）が相談の場に来られることになります。

　このような法律相談の場合に、よく尋ねられるのが「うちの人は、いつ帰ってこられるのでしょうか」という身体拘束期間の見込みです。

❷ 逮捕・勾留の期間制限

　まずは、法律相談時に最低限押さえておきたい期間制限のルールを整理しておきましょう。

⑴　逮捕され続ける時間は？

・逮捕された被疑者は勾留・公訴提起されない場合でも、逮捕（事実上のものも含む）から最長で72時間（3日間）は身体拘束が続くおそれがある（刑訴203条1項、204条、205条）。

・上記「被疑者が身体を拘束された時」の起算点は、事実上の逮捕の時。通常は逮捕状の執行があった時点がこれに当たるが、逮捕状の執行以前から事実上の身体拘束を受けていたというような場合には、以上の時間制限の起算点はその身体拘束の開始時まで遡る。

⑵　勾留はいつまで続く？

・内乱罪等ごく一部の特殊な被疑事実の場合を除き、逮捕された被疑者は、勾留・延長がなされる場合も想定すると、捜査で**最長23**

日間（逮捕〜勾留請求：3日、被疑者勾留〈初回〉：10日、被疑者勾留〈延長〉：10日）、身柄を拘束され続けることになる。

・裁判官はその裁量で被疑者勾留の延長日数を決められ、検察官も合計して10日を超えない限り、何度でも勾留期間の延長請求が可能。なお、「やむを得ない事由があると認めるとき」に検察官の請求により裁判官が勾留期間を延長できるが（刑訴208条2項）、実際には終局処分の決定のために捜査継続の必要がある、事案が複雑である、余罪取り調べが未了である等の理由でも認められるのが実態である。

・以上の日数は、刑事訴訟法の定める**上限**である。例えば、逮捕の翌日に早々に勾留請求が行われ、さらにその翌日には勾留決定がなされるというケースも珍しくはない。

・勾留期間については、実際に請求が行われた時刻を問わず、**勾留請求のなされた日を初日（1日目）**として扱い、また、公訴時効の場合（刑訴55条1項但書）に準じて、**10日目が土日や祝日の場合でもその日を期間満了日として扱う**。なお期間は、満了日の深夜12時の経過をもって満了となる。このため、午前0時0分に勾留請求をしたという場合でない限り、被疑者勾留の請求から勾留期間満了までは、通常、10日（240時間）を下回る。刑事訴訟手続における期間計算の原則（同55条1項、3項）と異なり、被疑者にとって有利になるように扱われている。

・被疑者勾留の延長の請求は最初の10日の満期日になされることが多いが、これが土日や祝日に当たる場合には、その前の平日に前倒しして行われるのが通常。

(3) 被告人勾留は？

・勾留されている被疑者について、同一の犯罪事実で公訴提起が行われると、起訴と同時に被疑者勾留が被告人勾留に切り替わる（刑訴208条1項、60条2項参照）。被告人勾留の期間は**原則として2ヶ月**（同60条2項）、特に継続の必要がある場合、1ヶ月毎に

更新（勾留更新）。この勾留更新は原則として1回に限られるが、一定の重大な犯罪の場合や、罪証隠滅のおそれがある場合等にはこの制限が働かないため（同項但書）、事実上「罪証隠滅のおそれあり」として**公判継続中1ヶ月毎に更新される**ことが多い。ただし、被告人勾留では、被疑者勾留と異なり保釈の可能性が出てくる（同207条1項但書参照）。

❸ 相談時に安易な見通しを伝えることはＮＧ

　以上のように、刑事事件では被疑者・被告人の権利・利益に配慮するという見地から、身体拘束に関する厳格なルールが置かれています。

　もっとも、このルールの下でも、被疑者・被告人、本人のみならずその家族も不安で過酷な状態に長く置かれ続けることになります。それだけに、「家族の身体拘束がいつまで続くのか」という問題は、刑事事件等の相談者にとっては切実です。

　では、そういった質問が法律相談の場で投げかけられた場合、法律家としてはどのように回答、説明するべきでしょうか。問題、状況ともに深刻ではありますが、未だ強固な信頼関係が生まれているとはいいがたい法律相談の場での回答であること、特にそのアドバイスの内容が以後の相談者の行動に大きく影響を及ぼすことを考えると、安易に相談者を安心させるような甘い見通しを述べるべきではありません。加害者本人が身体拘束を受けているといった深刻な事案であればあるほど、相談の時点での情報が限られます。本人しか知らない前科・前歴など得られていない情報や検察官の判断など、相談の際には未知の情報が刑事手続の行く末を決定づけることを考えると、相談の場で伝えられることはどうしても抽象的、一般的な内容にならざるを得ません。

　法律相談の場での対応としては、期間制限に関する法的な規律を正しく押さえた上で、**最長でどのくらい身体拘束が続くおそれがあるのか、またそれをできるだけ短くするためにどのような方策が考えられるのか（示談など）**という点の説明に軸足を置く方が良いでしょう。

❹ 法律家が伝えられるアドバイス

　もう少し法律家の立場でアドバイスしてあげられることはないでしょうか。捜査の初期の段階では、相談者自身はわからないことだらけという状態に置かれ、それがさらに不安を増していることがほとんどです。そうした場合に、一つでも二つでも、「わからないこと」を減らしてあげることは、法律相談の場合にもできるはずです。

　例えば、①職場や学校、あるいは家族・親族等への説明の仕方、②被疑者・被告人との連絡・意思疎通の方法（行うべきか）、③差入や宅下げの方法といった**身体拘束が長くなった場合の対応**については、詳細な事実関係がわからない状態でも、ある程度具体的な話ができます。

　無論、それだけで終わってしまうと、結局「家族の身体拘束はいつまで続くのか」という肝心の心配事が解消されないままとなります。やはりあなた自身が弁護人として受任して対応に当たるか、あるいは当番弁護士の出動要請、国選弁護人の選任の方法を説明するなど、相談者が一歩前に進む方策を具体的にアドバイスするべきでしょう。

大先生。

うちのオヤジはいつまで入っとんのや。早いとこ出したってーや。

3 方針をしっかり定めよう

❶ 必要なのは法律相談終了時の「方針」

　刑事事件等の弁護人、付添人（少年事件で家裁送致後）活動を念頭に置いた場合、その処理方針は「無罪を目指す」「少年院送致を回避する」「早期の身体拘束からの解放を目指す」「自白した上で被害者との早期示談を目指す」というように、種々のレベル・内容が考えられます（そして、こうした方針は、手続の段階や事件の推移に合わせて見直されうるものです）。

　もっとも、法律相談の終わりに示すのは、そうした弁護人・付添人としての処理方針とは異なる、**相談終了時の「方針」**です。

　ここは、民事事件の相談でいう「相談の結論」（⇨第2章**5**参照）に相当するものであり、相談を受けた刑事事件等について、**相談者が当面、どのように対応すればよいのかを具体的に示すもの**です。

❷ 重要なのは弁護人選任の方法

　相談者やその近しい関係にある者が、現に捜査機関から捜査の対象とされている場合、本人やその親族で行えることは多くはなく、実質的な防禦を尽くすためには、やはり弁護士の助力が必要になります。

　在宅事件でまだ本格的な捜査が進捗していないという状況であれば別ですが、捜査が開始され、あるいは既に被疑者・被告人等が身体拘束を受けているという事案では、通常、弁護人の選任が必要になるでしょう。そのため、法律相談の終わりに、その事案の対応方針として、**弁護人等をどのように選任するか**を確認しておきましょう。相談者や被疑者、被告人から見た場合、これにはいくつかの手続が用意されています。

まず、①相談を受けた法律家自身を弁護人（私選あるいは持ち込み国選）として委任する方法、次に②被疑者、被告人自身が各弁護士会の私選弁護人紹介制度（刑訴31条の2第1項）を利用して私選弁護人の紹介を受ける方法、そして③公費による国選弁護制度を利用する方法です（少年事件の付添人についても同様です）。

　いずれの場合も、通常は弁護人となろうとする弁護士が被疑者、被告人本人との面談（身体拘束を受けている場合は接見）を行うことになりますが、②の場合、被疑者、被告人が身体拘束中であれば各弁護士会の行う**当番弁護士制度**による出動を要請・利用できます。

　また、③国選弁護制度は、起訴後は全ての被告人が利用できる被告人国選弁護制度があり、起訴前は被疑者勾留を受けている被疑者のみが利用できる被疑者国選弁護制度があります（いずれも私選弁護人不受任の場合、資力要件を満たさない場合も利用可能です。刑訴36条の3）。国選弁護制度の対象とならない逮捕段階の弁護活動については、日弁連が法テラスに委託する**刑事被疑者弁護援助制度**があり、資力のない被疑者の私選弁護人選任の費用の援助が受けられます。

　こうした選任ルートを説明した上、そのいずれを利用して相談者ないし被疑者等の弁護人（付添人）を選任するのかを相談終了時に確認しておきましょう。刑事事件等の具体的な処理方針や見通しの検討は、弁護人（付添人）の活動が始まってから本格化します。

情報の限られる法律相談では、刑事事件等について客観的・正確な見通しを立てることは難しいことが多い。

4 犯罪被害者からの相談を受けたとき①
ー総論

❶ 犯罪被害者対応の重要性

　前項までは、法律相談で被疑者、被告人等の側から刑事事件等の相談を受けた場合について取り上げました。刑事事件等では、加害者がいれば被害者もいます。その被害者側からの相談への対応も身につけておきましょう。

　法律相談では、民事・刑事を問わず、犯罪被害者の方からの相談が寄せられることが少なくありません。法律家、特に弁護士は、「被疑者や被告人の側の人間」であると捉えられがちですが、犯罪被害に遭われた方の援助も法律家に求められる大切な役割であり、その重要性は刑事弁護活動に比して全く劣るものではありません。むしろ、犯罪が起こった場合、本来、真っ先に支援の手が差し伸べられなければならないのが弁護人等の庇護者のいない犯罪被害者なのです。

　社会的に耳目を集めた悲惨・凄絶な数々の事件と熱意ある法律家の取り組みの結果、近時、それまで刑事手続の中で置き去りにされ続けてきた犯罪被害者に主体的な地位や権利・利益が認められ、ようやく法整備が進み、支援制度も充実してきたところです。

　ところが、犯罪被害者相談は、他の民事・刑事事件の相談とは異なるノウハウや視点が求められること、支援の施策や取り得る手段が多岐にわたる反面、それが未だ十分に周知されていないことなどから、相談者に対して十分な情報・助言を提供できないことがあります。やはり、もっと多くの法律家が犯罪被害者支援に関心を持ち、正しい理解を身につけることが大切です。

❷ 犯罪被害者支援活動のノウハウとは

(1) 信頼関係構築には時間がかかる

　犯罪等により害を被った者及びその家族又は遺族を総称して「犯罪被害者等」といいます（犯罪被害者等基本法2条2項）。ここでいう「犯罪等」は、犯罪及びこれに準ずる心身に有害な影響を及ぼす行為のことです（同条1項）。

　犯罪被害者は、突然の理不尽な犯罪によって、自分や家族の心身に重大な被害を受け、ときには生命を奪われるなど、深刻な被害を受けます。それだけでなく、捜査機関や周囲の人間、マスメディアなどの心ない言動や対応によって、二次的な被害がもたらされることもあります（支援に当たる法律家自身によってこの二次被害がもたらされることもあるのです）。

　重大な犯罪が起こったとき、世間の反応は、犯人には苛烈・感情的で、被害者には同情的です。ところが同時に、被害者の受けた被害の程度や苦しみに興味本位な目を向けがちです。犯罪がどのように行われたか、どのような加害行為を受けたかなど、周囲の人から心配顔で投げかけられるそうした質問が、犯罪被害者にとって耐えがたい苦痛を生むことが実に多いのです（その一方で、世間は、被害者の被害回復や立ち直りについては概して無関心、冷淡です）。

　そうした状況に置かれた犯罪被害者が、周囲の人間に悪意に近いものを感じ、「自分には味方がいない」と思うようになるのは、悲しいことですが、否定しがたい事実です。このため、支援に当たる法律家としても、被害者の方との**信頼関係を構築するには時間がかかること**をまず理解しておく必要があります。

　法律家（特に弁護士）は冒頭に述べた刑事弁護人としての一般的なイメージのほか、「法律にしたがった杓子定規の意見しか言わず、言い分をきちんと受け止めてくれない」という法律家一般に対する偏見（？）を持たれていることもあって、これが被害者の方との心理的な距離を生む要因となっています（これは自ら相談に来られた被害者の

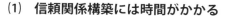

方とのあいだであっても同様です）。犯罪被害者支援では、そうした複雑な感情を抱いている被害者の方の置かれた状況に想像力を働かせ、**「寄り添う」姿勢**が信頼関係の構築に不可欠です。

(2)　安易な言動がもたらす問題

　「寄り添う」ことと一見矛盾するようにも思えますが、支援に当たる法律家としては、**被害者の状況を自分が理解し共感できていると安易に考えないこと**も重要です。

　被害者は、自分が受けた犯罪行為やそれによってもたらされた苦境を、それを経験しない他の人がわかるはずがないという思いを持っています。そうした被害者に対して、法律家の側が安易な同調を示したり、あるいは（慰め・励ましのつもりであっても）被害の受け止め方について言及したりすることは、反発を招くことがあります。

　例えば、「あなたの気持ちはわかります（→あなたにわかるわけがない！）」「命が助かったのは不幸中の幸いです（→自分の受けた被害を矮小化している！）」「頑張ってください（→もう精一杯頑張っている！　これ以上頑張れというのか！）」といった具合にです。

　では、次のような言葉はどうでしょうか。

　「あなた以外にも同じような立場で苦しんでいる方がおられます」

　「気持ちに区切りを付け、前を向いて歩き出しましょう」

　「そんなに悲しんでいると、亡くなったご家族も悲しいと思います」

　「あなた自身が立ち直ろうとしなければいけませんよ」

　いずれも被害を受けた方を気遣って投げかける言葉ではありますが、どれも深刻な被害を受けている被害者にとって、過酷・無責任・冷淡と受け止められるおそれが高いように感じられます。

　犯罪被害者支援において必ず出るこうした話題に触れるとき、「ではどのような言葉をかけるのが正解なのか」と悩んでしまうことが正直あります。励ましてもだめ、慰めてもだめ、理解を示しても突き放してもだめとなると、およそ正しい対応などないのではないかとも思えてきます。そもそも、被害者の思いや言葉も、その時々で揺れ動き、

常に一様であるわけではありません。

　この点について、私自身は、おそらくかける言葉で共感を示し、被害者との距離を詰めようとする限りそこには「正解」はないように感じています。それよりもむしろ、**思い悩む被害者の方の言い分を遮ることなく時間をかけてじっくりと聞き**、その上で被害を受けた方の求めていることを実現するために**法的にどのような方法があるか、そして、その情報提供や説明を尽くすという姿勢・対応**が唯一考えられる正しい方法なのではないかと考えています。そこでは、「寄り添う」のと同時に「ある程度の距離を保つ」ことも必要です。

❸ 法律相談の場でできること

　以上のようなことは、言葉でいうほど単純でたやすいものではなく、また時間の限られた一度の法律相談だけでできることでもありません。

　では、法律相談の場ではどのようなことができるのでしょうか。

　そもそも時間が30分〜1時間と限られている相談では、信頼関係の構築まで目指すことは困難ですし、相談者もそれなりに確認したい具体的事実や相談したいことがらがあって相談に訪れているはずです。そこで、相談に当たる法律家としては、言動に気をつけつつ、まずはそうした犯罪被害者支援に関わる制度等について遺漏なく説明するという対応が中心になるでしょう（詳細は次項に記載します）。

少し距離をあけて見守ることも大切。

犯罪被害者の支援活動は

5 犯罪被害者からの相談を受けたとき② －被害者の求めることと取り得る対応

❶ 犯罪被害者が求めること

犯罪被害者の方が求めることは、いくつかに類型化できます。専門家によっても捉え方はさまざまですが、概ね以下のとおりです。

① 犯人の処罰を求めたい、処分・処遇について意見を述べたい

② 何があったかを知りたい

③ 被害からの回復を図りたい（心理的・経済的に）

④ そっとしておいてもらいたい（被害を知られたくない）

⑤ 再び生活が脅かされないようにしたい

本項では、①～⑤にかかわる刑事裁判手続までの制度等を中心に、法律相談で尋ねられることの多い事項に絞り簡潔にまとめています。

現在、犯罪被害者の思いを実現するために種々の制度が整備されてきています。これらは特別法を根拠とするものも多く、また、それぞれ犯罪類型や被害者等の資力で利用できる場合が限定されるものもあります。そのため、法律相談の場面で、これらの諸制度について完璧に把握しておく必要はありません。大切なのは、相談に訪れた犯罪被害者の方のニーズを正しく把握し、それを実現するための制度について、おおよその当たりが付けられるだけの知識を備えておくことです。

❷ ①犯人の処罰を求めたい、処分・処遇について意見を述べたい

・**被害届**や**告訴**ができる。また不起訴処分に対しては**検察審査会に対する審査申立て**もできる（検審法2条）。

・刑事手続の中で意見を述べたい場合、被害者等は**心情等に関する意見陳述**（刑訴292条の2、少年法9条の2）ができる。

・故意の犯罪行為で人を死傷させた罪やわいせつの罪、重大・悪質

な自動車運転に起因する致死傷の罪など、一定の重大な生命・身体傷害の事件について、**被害者参加制度**(刑訴 316 条の 33 第 1 項)を利用して**公判期日への出席**(同 316 条の 34)や**証人尋問**(同 316 条の 36。ただし、情状証人に対する反対尋問に限定)、**被告人質問**(同 316 条の 34)、事実及び法律の適用に関する意見陳述(同 316 条の 38。いわゆる**被害者論告**)等を行うことが可能(なお、財産犯は被害者参加制度の対象外)。この被害者参加制度の申出は、検察官に対して行う(同 316 条の 33 第 2 項)。

❸ ②何があったかを知りたい

・犯罪被害者等には一定の要件の下、**刑事事件記録の閲覧・謄写**が認められる。裁判手続の段階毎に根拠法令が異なる。まず、起訴後・第 1 回公判期日前は、担当検察官に閲覧・謄写を求めることができる(刑訴 47 条但書参照)。また、第 1 回公判期日以後、刑事裁判確定までの間は、犯罪被害者保護法 3 条 1 項によって、裁判所に対して閲覧・謄写を請求することができる。刑事裁判確定後は、確定記録となるため、今度は、刑事訴訟法 53 条、刑事確定訴訟記録法 4 条に基づき、検察庁に閲覧・謄写を請求できる。

・情報収集という点では、❷で挙げた被害者参加制度により、被害者が当事者的な立場から刑事裁判手続に参加することでも実現しうる。

❹ ③被害からの回復を図りたい (心理的・経済的に)

・故意の犯罪行為により人を死傷させた罪や強制わいせつ・強制性交、逮捕・監禁、略取・誘拐など一定の重大な犯罪類型について、刑事手続上の**損害賠償命令制度**(犯罪被害保護 23 条)や**刑事和解**の手続(同 19 条)といった制度がある。

・損害賠償命令制度、刑事和解の制度は、いずれも刑事裁判手続の中で実施されるが、これらは民事上の不法行為に基づく賠償請求を内容とするため、日本司法支援センター(法テラス)の民事法

律扶助制度の対象となりうる。

- 損害賠償命令制度は、一審で有罪の判決があった場合に、直ちに審理期日が開かれ、特別の事情がある場合を除き、4回以内の審理期日で、被害者の申し立てた犯罪被害の損害賠償について審理が行われる（犯罪被害保護30条）。民事裁判手続と異なり、この損害賠償命令制度では、請求額にかかわらず申立手数料が一律2000円となり（同42条1項）、被害者にとっては大きなメリットとなる。

❺ ④そっとしておいてもらいたい（被害を知られたくない）

- 一定の事件の刑事裁判手続において、**被害者特定事項**（氏名、住所その他、被害者を特定させることとなる情報）**を公開の法廷で明らかにしない措置**を求めることができる（刑訴290条の2）。
- 被害者が法廷で証人尋問を受ける際の心理的負担や二次被害を避けるため、**付添人の同行、遮蔽・テレビ会議（ビデオリンク）の措置**が認められる（刑訴157条の4～6）。
- 被害者参加制度を利用する際にも、被害者への付添や被告人・傍聴人との遮蔽措置が認められているが（刑訴316条の39）、証人尋問の場合と異なりビデオリンク方式は認められない。

❻ ⑤再び生活が脅かされないようにしたい

- 警察の**被害者連絡制度**では、殺人、傷害致死、重大な傷害、強盗致死傷、強制性交、強制猥褻などや重大・悪質な交通死亡・傷害事故について、情報提供を希望する被害者に捜査の状況、被疑者の検挙情報、逮捕被疑者の処分状況などが通知される。
- 法務省の**被害者等通知制度**でも、被害者やその親族等、目撃者・参考人等は、対象事件の処理結果、公判期日・裁判所、刑事裁判の結果、刑の執行終了時期等に関する情報の通知を受けられる。
- 犯罪の手口や動機・組織的背景、加害者と被害者等との関係、加害者の言動などから、被害者が加害者から再犯による生命・身体に関する犯罪被害を受けるおそれが大きいと考えられる事案につ

いて、警視庁の定める**「再被害防止要綱」**の制度がある。これは対象者として指定を受けた被害者へ加害者の釈放等に関する情報提供や、再加害のおそれのある加害者への警告などの措置をとる制度である。

❼ そのほか人的・経済的な支援の制度

⑴ 人的な支援について

・被害者との信頼関係の構築が難しい場合は、公的な被害者援助団体（各地の公安委員会が指定する被害者支援センターなど）や臨床心理士との面談・カウンセリングも並行し、相互に連携を図る方法も有効である。

⑵ 経済的な支援の制度

・法律家に支援を依頼するコストを被害者自身が負担することが難しい場合、日弁連の**犯罪被害者法律援助制度**（日弁連から法テラスに委託。一定の重大犯罪について弁護士費用等を援助する制度）や**国選被害者弁護士制度**（資力に乏しい被害者参加人のために、弁護士費用を国が負担する制度）がある。資力要件はあるが、「治療費などを差し引いた流動資産の額が 200 万円未満」と、国選弁護制度よりも要件は緩やか。

・**被害者参加人の出廷の旅費を国が負担する制度**もある（犯罪被害保護 5 条）。

「○○先生から示された費用は適切でしょうか？」

　法律相談でセカンドオピニオンを受けたとき、しばしば、「今、相談（依頼）している○○先生の弁護士費用は適切でしょうか？」と問われることがあります。そこには「少し高くないでしょうか？」という言外の問いが含まれているわけですが、金額の相当性の問題はなかなか答え方が難しいところです。

　これが依頼前のことであれば、「高いと思われるのであれば、依頼せずに別の法律家の相談を受けてみては？」と勧めるとよいと思います。あなたが受任した場合の見積もりを提示して検討してもらうのも悪くはありません。

　一方、既にその法律家に依頼して、着手金も支払っている場合はどうでしょうか。セカンドオピニオンに関して第3章**17**で述べたのと同じように、専門家報酬の額も、事案の詳細な内容や必要となる処理の量・時間的余裕、委任の範囲によって上下するものです。他の法律家の提示・収受した報酬の多寡について意見を述べることは、委任の信頼関係に及ぼす影響が大きいため、慎重でなければなりません。事件処理方針に関するセカンドオピニオンの場合よりもさらに、「依頼する専門家の乗り換え」につながりやすくなるからです。火中の栗というよりも、火事場の栗の趣があります。やはり「○○弁護士の提示額にはそれなりの理由があるのかもしれないので、私が高い安いという意見を述べるのは難しい」という回答に止めておく方がよいでしょう。

　もっとも、常識的な「相場」というものはあります。平成16年4月1日より、日弁連が報酬基準規程を廃止しましたが、現在でも多くの事務所がこれに準拠した報酬基準を採用しています。これを超えたからといって直ちに問題となるわけではありませんが、「常識的に考えても明らかに取り過ぎ」というケースはまれにあります。具体的な例を挙げると、事件処理によって守られる利益の半分以上が報酬に充てられる場合等でしょうか（もちろん、経済的利益やリスクと対比してのケースバイケースの判断が必要ですが）。

　ただ、そうした不相当な報酬設定がなされた事案に接した場合にも、あなたが直接対応に当たるのではなく、まずは弁護士会や司法書士会の紛議調停手続、懲戒請求手続を説明し、相談者自身の判断に委ねることが適切です。

受任後の相談・依頼者ケア

　相談者から事件処理を依頼したいとの申出があり、依頼の内容にも問題がないと思われる場合には、受任に進むこととなります。これ以後は、単なる法律相談の段階と異なり、あなたには受任者としてのさまざまな義務・責任が生まれます。

　第5章では事件処理を受任した際に気をつけておかなければならない6つのポイントを紹介します。

1 委任契約書の作成

❶ 受任が決まったら、まずは委任契約書を

　受任者が相談者（依頼者）の代理人として事務処理に当たる場合に、必ず作成しなければならない書面として、①委任契約書と②委任状があります。

　これらはいずれも原則、事件着手時になければならないものですが、弁護士や司法書士の代理業務が有償であることを考えると、本来①委任契約書の作成が②委任状の徴求よりも論理的に先に来るべきものだと考えられます。

　また、個人的には「委任契約書を巻いていない状態で委任状を受け取る」ことほど恐ろしいことはないという、強い想いがあります。

　それだけ、委任状を受け取るということは、我々法律事務の代理業務を行う者にとっては重いものなのです（⇨本章❷参照）。

　そして、弁護士の場合、一部の例外的な場合を除き、「弁護士報酬に関する事項を含む委任契約書」を作成しなければならず（職務基本規程 30 条）、**この過怠により懲戒される事例が多い**のでくれぐれも注意が必要です（また、司法書士倫理上でも、受任の趣旨の明確化と受任の際の報酬の明示が求められています。司倫 19 条、20 条）。

❷ 報酬でモメないために

　「依頼者と金で揉める」というのは本当にイヤなものです。どのくらいイヤかを感覚的に言うと、ムリ筋の重い事件 20 件分を一人で処理しなければならないのと同じくらいの心理的負担があります。

　報酬で揉めるというのは、自分の仕事の成果を否定されているように感じ、自尊心がひどく傷つけられるものですし、本来アタマを悩ま

せないといけないのとは別のところで、後ろ向きな問題を抱えること
ほどつまらないことはありません。

　ただ、「当初に明確な金額や条件の説明がなく、後からいきなり自
分の見込みよりも高い報酬を請求されても納得できない」というのは、
依頼者にしてみればもっともな話です。

　このようなお互いにとっての悲劇を避けるためにこそ、報酬支払い
の合意を証する委任契約書の作成が不可欠なのです。

❸ 委任契約書に書くべき内容

　委任契約書は、依頼者との間で発生した報酬トラブルを決着させる
ためのものではありません。そもそもそのような紛争に至ること自体
を防ぐ目的で作るものです。

　では、委任契約書には何を書いておく必要があるのでしょうか。

　日弁連の定める「弁護士の報酬に関する規程」の５条４項を見ると、
最低限、①受任する法律事務の表示及び範囲、②弁護士等の報酬の種
類・金額・算定方法及び支払時期、③委任事務の終了に至るまで委任
契約の解除ができる旨、④委任契約が中途で終了した場合の清算方法
の四つを定めておくべしと書いてあります。これは司法書士が簡裁代
理業務を受任する場合にも、同様に考えて良いでしょう。

　この点は若干の補足が必要です。

　まず、「あなたが受任する業務の内容」「その報酬がどこまでの委任
事務処理の対価であるのか」を明確にするためにも、①**あなたが受任
して処理に当たる事件・業務の内容を事件類型、当事者名、手続の種
類などでしっかりと特定しておく**必要があるということです。

　ありがちなのは、「本案訴訟の受任の他、保全命令申立までも、委
任の内容に含むか」といった形で問題となる場合でしょうか。

　とらないといけない手続が後から増え、そのコストがさらに上乗せ
されると、依頼者の感じる負担感はより強いものになります。

　ですから、あなたとしては、できるだけ最初の受任の際に、必要と
なる手続・処理を正しく見定め、それらに対する報酬の定めを明示し

ておくことが望ましいのです。

　次に、②の報酬の条件の定めは委任契約書のキモとなる部分ですので、具体的に明記しておく必要があります（報酬金算定については、「例えば、得られた経済的利益が1,000万円のときは、報酬金は118万円（税別）です」といった例示的記載があると、依頼者の理解の助けとなります）。要は、**「得られた経済的利益（金額）のうち、最終的に依頼者の手に乗る額がいくらか」**を、依頼者が具体的にイメージできる形で記載をしておくべきなのです。

　また、忘れがちですが、遠方の裁判所等への出頭が必要となるなど、事務処理費用が高額となる見込みの場合には、その費用の細かい算定条件（新幹線のグリーン車基準か普通席基準か等）も定めておいた方が良い場合があります。

　なお、③④については、規程上は定められているものの、実務で作成される委任契約書では、必ずしも明確な形では記載されないことが多いように思います（⇨ P.200 資料**6**書式参照）。

❹ 委任契約書が返ってこなかったら…

　以上は、委任契約書作成にまつわる、あくまでも教科書的なお話です。しかし、実際には受任時点できちんと委任契約書が作成できていないというケースもあるはずです。

　例えば、「相談者から民事被告事件の訴訟代理人業務を受任し、第一回期日が差し迫っていたため委任状をもらい訴訟代理人業務を開始した。ところが、その後、経過報告書と共に何度、委任契約書用紙を送っても、依頼者が判を押して返してくれない」という場合を考えてみましょう。委任契約書には、「着手金支払や費用の予納があるまでは処理に着手しないことができる」という条項を入れるのが通例ですが（⇨ P.210 資料**6**書式参照）、その契約書の作成自体が完了していない、というケースです。

　腰の重い相談者が、なかなか書類を返送してくれないといったこと自体は、よくあることです。そのため、あなたとしては、「委任契約

書の返送がないからといって、どんどん進む訴訟手続の処理を保留するわけにもいかないし…」というジレンマを感じるかもしれません。

　しかし、本来、委任状を出してもらう時点で完成していないといけない委任契約書の返送がなく、督促しても改善が見られない以上、やはりあなたとしては、事件の辞任を検討すべきではないかと思われます（私の拙い経験から言うと、理由を付けて委任契約書の作成に応じない依頼者との間で、後に報酬を巡ってトラブルになる確率は100パーセントです）。

　そうはいっても、「依頼者がボスの知り合いだから」「勝てたら割のいい事件だから」といった理由で、なかなか辞任を言い出せないあなたはどうすればよいでしょうか（しがらみのない人間はいません）。

　この場合でも、依頼者の委任意思に基づいて事務処理を行っている以上、（委任契約書の完成の有無を問わず）事務処理に見合った報酬請求権自体は発生します。とはいえ、委任契約書が存在しないことは、それ自体、専門家にとって不利な状況です。

　そこで、委任条件（報酬算定条件等）を明記した連絡文書を到達記録の残る形で相談者に送付しておくことで、「委任条件について黙示の合意が成立していた」「代理人としては委任契約書作成に向けた準備をしていた」といえる客観的状況を作り出しておくべきでしょう。

委任契約書（民事）

依頼者を甲、受任弁護士を乙として、次のとおり委任契約を締結する。

第1条（事件等の表示と受任の範囲）
　　甲は乙に対し下記事件又は法律事務（以下「本件事件等」という）の処理を委任し、乙はこれを受任した。
　　① **事件等の表示**
　　　　事件名　損害賠償請求事件
　　　　相手方　鈴木太郎、山本次郎
　　　　裁判所等の手続機関名　神戸地方裁判所　明石支部
　　② **受任範囲**　（※1）
　　　　☑示談折衝、□書類作成、□契約交渉
　　　　☑訴訟（一審，控訴審，上告審，支払督促，少額訴訟，手形・小切手）
　　　　□調停、□審判、□倒産（破産，民事再生，任意整理，会社更生，特別清算）
　　　　□保全処分（仮処分，仮差押）、□証拠保全、□即決和解
　　　　□強制執行、□遺言執行、□行政不服申立
　　　　□その他（　　　　　　　　　　　　　　　　　　　　）

第2条（弁護士報酬）
　　甲及び乙は、本件事件等に関する弁護士報酬につき、乙の弁護士報酬基準に定めるもののうち☑を付したものを選択すること及びその金額（消費税・地方消費税（※2）を含む）又は算定方法を合意した。
　　☑**着手金**
　　　　①　着手金の金額を次のとおりとする。
　　　　　　金　　　　165,000　　　　円
　　　　②　着手金の支払時期・方法は、特約なき場合は本件事件等の委任のときに一括払いするものとする。
　　□**報酬金**　（※3）
　　　　①　報酬金の金額を次のとおりとする。但し、本件事件等が上訴等により受任範囲とは異なる手続に移行し、引き続き乙がこれを受任する場合は、その新たな委任契約の協議の際に再度協議するものとする。
　　　　　　□金　　　　　　　　　　円
　　　　　　☑甲の得た経済的利益の　16.5　％とする。経済的利益の額は、乙の弁護士報酬基準　　　　に定める方法によって算出する。
　　　　②　報酬金の支払時期は、本件事件等の処理の終了したときとする。
　　□**手数料**
　　　　①　手数料の金額を次のとおりとする。
　　　　　　金　　　　　　　　　　円
　　　　②　手数料の支払時期・方法は、特約なき場合は本件事件等の委任のときに一括払いするものとする。

□**時間制** （　事件処理全般の時間制　,　着手金に代わる時間制　）
　　①　1時間当たりの金額を次のとおりとする。
　　　　金＿＿＿＿＿＿＿＿＿円
　　②　甲は時間制料金の予納を（　する　,　しない　）ものとし、追加予納
　　　については特約に定める。予納を合意した金額は＿＿＿＿＿時間分である。
　　　　金＿＿＿＿＿＿＿＿＿円
　　③　予納金額との過不足は、特約なき場合は事件終了後に清算する。
□**出廷日当**
　　①　1回当たりの日当の金額を次のとおりとする。
　　　　金＿＿＿＿＿＿＿＿＿円とする。
　　②　甲は日当の予納を（　する　,　しない　）ものとし、追加予納につい
　　　ては特約に定める。予納を合意した金額は＿＿＿＿＿回分である。
　　　　金＿＿＿＿＿＿＿＿＿円とする。
　　③　予納金額との過不足は、特約なき場合は事件終了後に清算する。
□**出張日当**
　　①　出張日当を（　一日　,　半日　）金＿＿＿＿＿＿＿＿＿円とする。
　　②　甲は出張日当の予納を（　する　,　しない　）ものとし、追加予納に
　　　ついては特約に定める。予納を合意した金額は＿＿＿＿＿回分である。
　　　　金＿＿＿＿＿＿＿＿＿円
　　③　予納金額との過不足は、特約なき場合は事件終了後に清算する。
☑**その他**　（※4）
訴訟提起時、甲は乙に対し、追加着手金として金165,000円を支
払う。

第3条（実費・預り金）
　甲及び乙は、本件事件等に関する実費等につき、次のとおり合意する。
　　☑**実費**
　　　①は費用概算として金＿＿＿20,000＿＿＿円を予納する。
　　　②は本件事件等の処理が終了したときに清算する。
　　☑**預り金**　（※5）
　　甲は＿訴訟提起時の予納印紙＿＿＿＿＿＿＿＿＿＿＿＿＿＿の目的で
　金＿＿＿68,000＿＿＿円を乙に預託する。

第4条（事件処理の中止等）　（※6）
　1．甲が弁護士報酬または実費等の支払いを遅滞したときは、乙は本件事件の
　　処理に着手せず、またはその処理を中止することができる。
　2．前項の場合には、乙はすみやかに甲にその旨を通知しなければならない。

第5条（弁護士報酬の相殺等）
　1．甲が弁護士報酬または実費等を支払わないときは、乙は甲に対する金銭債
　　務と相殺し、または本件事件に関して保管中の書類その他のものを甲に引き
　　渡さないことができる。
　2．前項の場合には、乙はすみやかに甲にその旨を通知しなければならない。

第6条（委任契約の解除権） (※7)

　　甲及び乙は、委任事務が終了するまで本委任契約を解除することができる。

第7条（中途解約の場合の弁護士報酬の処理） (※8)

　　本委任契約にもとづく事件等の処理が、委任契約の解除または継続不能により中途で終了したときは、乙の処理の程度に応じて清算をおこなうこととし、処理の程度についての甲及び乙の協議結果にもとづき、弁護士報酬の全部もしくは一部の返還または支払をおこなうものとする。

第8条（特約）

本委任契約につき、甲及び乙は次のとおりの特約に合意した。

　　甲及び乙は、乙の弁護士報酬基準の説明にもとづき本委任契約の合意内容を十分理解したことを相互に確認し、その成立を証するため本契約書を2通作成し、相互に保管するものとする。

　　　　令和4年11月30日

　　　　　甲　（依頼者）
　　　　　　　住所　神戸市中央区播磨町●●番地1－2

　　　　　　　　　　氏名　　吉村　旭　　　　　　　　　印

　　　　　乙（受任弁護士）　氏名　　中村　真　　　　　　　印

委任契約書の留意点

※1　弁護士の報酬に関する規程（以下、「規程」）5条4項「受任する法律事務の表示及び範囲」を明示する。

※2　支払総額が明確になるよう、原則、消費税・地方消費税については内税方式で記載しておく。ただし、以後の税率の変動を想定した記載とする場合には、「甲が乙に弁護士報酬に付加して支払う消費税・地方消費税については、各請求時の税率によって算出する。」とした上で、計算上の金額、割合とも税別表示とすることが考えられる。

※3　規程5条4項「弁護士等の報酬の種類、金額、算定方法及び支払時期」を明示する。

※4　任意の示談交渉の後、訴訟提起が見込まれるような場合には、「その他」として追加着手金の定めを置いておく。

※5　規程5条1項「その他の費用」を明示する。

※6　第4条の規程を置いておかなければ、着手金、実費等の支払いがない場合に、事件の着手を保留することができなくなるとされているので注意（日弁連『解説職務基本規程（第3版）』116頁）。

※7　規程5条4項「委任事務の終了に至るまで委任契約の解除ができる旨」を明示する。

※8　規程5条4項「委任契約が中途で終了した場合の清算方法」を明示する。

2 委任状の作成

❶ 委任状はなぜ重要か？

　キーが刺さっていない車や、コンセントを挿していない冷蔵庫が動かないように、委任状をもらっていない代理人もまた、動けません。

　どれだけ依頼者との間に信頼関係が生まれようとも、あなたが処理する事件は依頼者のものであって、あなたは当事者ではありません。

　あなたが事件処理に動けるのは、あくまでも依頼者から代理人として委任されているからなのです。

　では、委任を受けないまま「代理人ですよ」といった顔で事件処理に着手したとしたら、どういう問題があるでしょうか。

　当然、委任者とされる者から、無権代理であるとして責任追及がなされるおそれがあります。「無権代理行為の追認」も理屈の上では問題となりますが（民訴34条2項参照）、実際は、そんな悠長な話ではありません。

　また、あなたが正しく委任を受けているかどうかという点は、交渉の相手方にとっても極めて重要です。仮に正当な委任を受けていないのに、代理人として交渉や訴訟行為を行ったというのであれば、それを信じて付き合わされた相手方から懲戒請求されても、文句は言えません。そして、この**委任の事実を客観的に証明するのが委任状**なのです（民訴規則15条）。

　すなわち、委任状はあなたにとっては、**受任により正当な代理権限を有していることを証明する**という、重要な側面があるのです（また、依頼者に対しても、あなたを代理人として選任したことを後から争えないよう、縛りをかけるという意味があります）。ですから、たとえ事件が終了した後であっても受領した委任状は依頼者に返却してはい

けません。

　時代は変わり、最近ではキーを刺さなくても動く車が増えてきましたが、委任状がないと代理人が動けないという点は変わらないのです。

❷ 委任状のもらい方

　そのようなわけで、委任契約書を調印し終わったら、必ず事件処理に着手する前に、依頼者から委任状を出してもらいます。

　なお、処理に緊急を要し、依頼者からの委任状の提出を待っているだけの余裕がないという場合も中にはあるでしょう（例えば、依頼者が法人で委任状提出に数日かかる一方、直ちに代理人として相手方に電話で一報入れておかねばならないときなど）。

　こんなとき、委任状原本の受領は、代理人としての行動より後にならざるを得ません。もっとも、こういった処理は、①四囲の状況や依頼の経緯を記録化するなど、何らかの形で依頼者の委任の意思を証明できる資料があるか、あるいは、②後から委任の事実を争われる余地が全くないほどの信頼関係が依頼者との間に確立している場合（顧問先等）に限るべきでしょう。

　なお、「委任状は委任の事実を客観的に証明するものだ」と書きましたが、あなたはその書面を交付してもらうだけでなく、**実際に依頼者（委任者）の委任意思を直接確認**しておかねばなりません（職務基本規程22条）。

　面談できる場合は、面談の事実と相談内容自体から委任意思を読み取ることが可能ですが、少し怖いのは、**依頼の時点で委任者自身と一度も面談できていないというケース**です。

　例えば、親族数名が依頼者（委任者）となる事案で、面談はそのうち一部の者としか行っておらず、また委任状もその親族の代表がとりまとめて提出してきているというような場合です。

　この場合、あなたが面談したその「親族の代表」とされる者が、その余の親族（委任者）に内緒で委任状を書いて提出しているというおそれが払拭できません（相続がらみの事案で、実際に私もそういった

ケースに何度か遭遇しています）。

　そのため、**委任意思の確認は原則、少なくとも一度はあなたが依頼者に直接面談した上で行うべき**です。

　また、（遠隔地に住んでいる等の理由で）どうしても受任前の面談が難しい場合には、相談者の代表を通じてではなく、それぞれの依頼者の住所宛に、個別に委任状用紙を送付して記入・返送を求める方が安全です。

　なお、提出された委任状が偽造であった場合でも、あなたが委任状以外に依頼者の委任意思の有無を確かめず、漫然と処理に着手してしまっていたのであれば、これまた懲戒請求ルートに乗ることになります。このような別人による偽造のリスクを減らすため、委任状を郵送でやり取りする際に、依頼者の印鑑登録証明書、あるいは運転免許証の写しを一緒に返送してもらうよう求めるなどの方策が有用です。最近であればこれに Zoom などリモートツールを介した面談を加えることも考えられます。

　委任意思の事実の確認・証明については、いくら注意してもし過ぎるということはありません。

❸ 委任状が生む責任

　また、委任状を受けて代理人に就任することにより、あなたには受任者としての善管注意義務（民 644 条）をはじめ、種々の法的義務が生じます。さらに、代理人は、受任後は速やかに事件処理に着手し、遅滞なく処理しなければなりません（職務基本規程 35 条、司倫 21 条 1 項）。そして、いったん委任を受けてしまうと、自分の能力の低さや業務スケジュールが過密であるといった事情は、処理遅滞の言い訳とすることはできなくなるのです。

　こういった「責任ある事件処理が行えるか否か」という点は、そもそも受任するか否かという段階で検討しておかねばならないものです（⇨第 3 章 🔟 参照）。

　そのため、明確な処理方針がまだ定まっていない、直ちに代理人と

して処理に当たる必要が乏しい、といった場合には、**あえて委任状を受け取らず受任自体を留保しておく**という考え方も検討に価します。

❹ あなたの住所や連絡先が変わったときは

代理人の事務所や連絡先などが、最初に提出を受けた委任状の記載から変更となっている場合があります。

このとき、当然、変更後の記載で委任状を出し直してもらうことになりますが、**以前の委任状もその時点までの委任の事実を証明するために必要な資料**ですから、新しい委任状と引き替えに依頼者に古い方の委任状を返してしまわないよう注意が必要です。

❺ 連名の委任状に気をつけろ

同じ事務所に複数の弁護士、司法書士がいる場合、主担当者の事故に備え、受任者連名の委任状の交付を受ける場合があります。しかし、**業務上のミスが発生した場合、委任状に名を連ねている者は有無を言わさず連帯責任を問われます。**

「委任状には便宜上名前が載っているだけで、自分は事件にタッチしていないから（あるいは、委任契約の当事者ではないから）責任はない」という言い分は通りません。連名の委任状の交付を受けてよい事案か否か、また自分も連名で受任している事件がどのように動いているかは常に気を配っておかなければなりません。

委 任 状 ^(※1)

私は、兵庫県弁護士会所属弁護士　　中　林　　保　氏 ^(※2)

事務所　　三度笠法律事務所
〒 123-4567
神戸市中央区住吉通 1 丁目 1 番 10 号
○○神戸駅前ビル 10 階 ^(※3)
TEL 078（333）××××
FAX 078（333）××××

を代理人に選任し下記の権限を委任する。

1，相　手　方 ^(※4)

2，裁　判　所 ^(※5)

3，事　件　名 ^(※6)

（※ 10）

4，権　　　限 ^(※7)

　　　　・訴訟行為（反訴、参加、強制執行、強制執行停止、仮差押、仮処分）。
　　　　　弁済の受領。
　　　　・反訴の提起、訴の取下、和解、請求の放棄若しくは認諾、訴訟の脱退。
　　　　　調停、控訴、上告、上告受理の申立、控訴の取下、上告の取下、上
　　　　　告受理の申立の取下。手形・小切手又は少額訴訟における異議の取下、
　　　　　手形・小切手又は少額訴訟における異議の取下についての同意。
　　　　・供託、供託物の還付又は取戻の請求及び受領、利息金及び利札の請
　　　　　求及び受領。
　　　　・復代理人の選任。

令和　　　年　　　月　　　日 ^(※8)

住　　　所 ^(※9)

（※ 10）

委　任　者 ^(※9)

委任状の留意点

※1　訴訟用の委任状書式の一例である（訴訟代理人の権限を証明する書面となる。民訴規則23条1項）が、受任時点で訴訟提起が予定されていない示談交渉等の代理事件の場合などにも用いられる。

　　委任者が複数の場合、委任者ごとに1枚の委任状の交付を受けるのが原則である（AとBから依頼を受ける場合、A、Bからそれぞれ1通ずつ委任状の交付を受け、委任者連名の1通の委任状とはしない）。

　　自賠責保険会社に対する保険金、損害賠償金の請求を代理する場合など、実印で押印した専用書式の委任状や印鑑登録証明書の提出を求められることがあるため、それぞれの手続前に委任権限の証明をどのように行うかについて確認しておく。

※2　受任者となる者の表示である。委任者複数の場合と異なり、受任者複数の場合は連名での記載もよく行われている。ただし、事件処理に過誤があった場合、実際に事件処理を担当していたか否かにかかわらず、委任状に受任者として記載されていた者全員に連帯責任が生じるおそれがあるため、連名での受任者表記については必要性、相当性を十分に検討するべきである。

※3　受任者の所属事務所の記載である。事務所所在地の移転や所属事務所の変更があった場合、新しい委任状を取り直す必要がある（以前に交付を受けた委任状は、それまでの事件処理が適正な委任に基づくものであることを示すものであるため、委任者には返還しない）。

※4　相手方の表示は「●●●●　外1名」といった記載も用いられるが、委任の対象・範囲を明確にするため、少数の場合はできるだ

け名称を列記した方がよい。

※5　各種手続の申立先裁判所、受訴裁判所を記載するが、受任時点で未定の場合は空欄のまま交付を受け、裁判所への提出前に記載を補充する。

※6　事件名は「損害賠償請求事件」「示談交渉事件」「貸金請求事件」のように、相手方の記載と併せて委任事件の特定ができる記載を用いる（「等」の要否にも注意する）。被告代理人の受任の際は事件名に事件番号（「●●簡易裁判所・令和●●年（●）第●●●号」）を併記するとよい。事件名はあまり厳密に考えないことが多いが、受任の範囲を画する重要な要素である。23条照会では委任状の記載と所属弁護士会への申出書の記載とで事件名の完全な一致を求められることが多いため注意する。

※7　その委任状によって委任者が受任者に与える権限の記載である（「反訴の提起」から「手形・小切手又は少額訴訟における異議の取下についての同意」まで（調停申立を除く）と「復代理人の選任」は、「特別の委任を受けなければならない。」との民訴55条2項の規定を受けたもの）。この記載例は訴訟事件の受任を意識した定型的なものであり、必要に応じて変更する（破産申立事件で、「破産手続開始申立て手続に関する一切の事項」等を権限とするなど）。

※8　委任状の交付を受けた日を記載する。受任者の責任の範囲を画する一資料となる記載であるため、実際の委任や委任状交付の日よりも前の日付が書かれている場合には注意が必要である。訴訟等の提起時には裁判所に提出することになるが、受任当初の交付から時間が経ちすぎている場合は訴訟提起に近い日時で新たに委任状を取得し直すよう求められることが多い。
　　委任の権限に「控訴、上告、上告受理の申立」との記載がある場

合であっても、原審で提出済みのものとは別に新たに取得した委任状を控訴状等へ添付する必要がある（実務の運用）。２週間の不変期間内に委任状の取得が間に合わない場合、とりあえず控訴状等を先に出し、後から委任状を追完する扱いも可能である（ただし、追完は早急に行う必要がある）。

※９　自然人の場合は住民票等に登録している住所氏名を、法人の場合は商業登記簿登載の本店所在地、代表者名を記載する（法人の場合、ゴム印を用いた記名・押印で足りる）。

※10　実印である必要はない（認め印でもよい）が、記載の補充が必要となった場合に備え、捨て印を含め２箇所の押印をもらう扱いが一般的である（押印を求める際に、依頼者に捨て印であることの説明が必要）。

3 かんたん スピード着手のすすめ

❶ 何はともあれ、まず着手

委任状を手に入れたら、速やかに事件に着手しなければなりません（職務基本規程 35 条、司倫 21 条 1 項）。あなたが代理人になった後は、あなたが処理に動かなければ事件が進まないのですから、これは、当たり前の話です。

❷ なぜ早期の着手が重要か

「着手が遅れると、それだけ事件処理が遅くなるから」というのが第一の理由ですが、もう少し前向きに考えてみましょう。

⑴ 事件のうっかり放置を防ぐ

既に動いている事案に比べて、新しい受任事件は事実関係の理解も乏しく、まだ記憶にもしっかりと定着していません。

ところが、イソ弁のうちは、上から次々とひっきりなしに仕事を振られるのが普通です（私のいた事務所だけですか？　そんなはずはありませんね）。そんなわけで、委任状をもらいながら、全く処理に着手しないままの状態が続いた案件では、日々の忙しさ故に頭からすっぽり抜け落ちそうになることがあります。これは本当に怖いことです。

受任後、2〜3 週間過ぎた時点で、ボスから「アレ、どうなってんの？」と聞かれて初めて「アッ‼」と思い出すなんてことはありませんか（無いというのであれば、それはあなたが有能であるか、あるいはヒマすぎるかのどちらかです）。

ボスからの指摘であればまだいい方ですが、依頼者から問い合わせがあったときに、「すいません、これからです。すぐやります」というのでは、信頼関係を築くどころの話ではなくなってしまいます

（とはいえ、ここで「問題なく進捗中です」と嘘をついてしまう懲戒予備軍の人に比べればずっとマシですが…）。

　また、事件も生ものと同じで、消費するに適した期限というものがあり、放置している間に時効が完成したり、申立期限を徒過したりなんてことになると、これはもう立派な弁護過誤です。

　とにかく処理に着手し、「自分だけが事件を抱えている状態」でなくしてしまえば、少なくとも事件が埋没する事態は回避できるので、「忘れたまま事件が店ざらしの状態になること」を防ぐことができます。

⑵　気持ちの乗らない事件に自分を駆り立てる

　受任する事件は、必ずしも最初から「前向きに頑張ろう」と思えるものばかりではありません。受任するか否かの段階で十分に検討はしたつもりでも、証拠が限られていたり、やや無理な主張をしないといけなかったりで、つい及び腰になってしまうというのは、何もあなただけではありません。

　また、重い事件であればあるほど、「今度まとまった時間が取れたときに一気にやろう」などと考え、そのままずるずると進捗が遅れてしまいがちなものです。特に、訴状提出や破産申立のように、「ゼロから法的手続に乗せる作業」は裁判所に定められた明確な期限がない分、提出期限の迫ってきた他の準備書面の起案などに押されて、ついつい後回しになってしまう傾向があるようです。

　そういうときでも、**まずはあまり難しく考えず着手し、事件の中に自分という存在を組み込んでしまう**ことです。そうすることで、自分の気持ちも自然と前に向かうというものです。このように、早期に着手するというのは、自分自身を事件処理に駆り立てる意味があります。

❸ 具体的にどう着手すればいいのか

　実際によく考えてみると、あまり前向きな話でもありませんでしたが、とにかく「事件に早期に着手する」ことには、相応の意味や効果

静止している状態では起案している状態よりも時間が早く進む（起案の特殊相対性理論）。

があるということです。では、「早期に着手する」というのは具体的にはどのようにすべきでしょうか。

(1) 相手方のある事件の場合

まず、相手方がある事案で、こちらからアクションを起こす場合であれば、**準備が整い次第、受任通知を送付**して自分が窓口になった旨を連絡します（ただし、破産や民事再生の申立てなど、受任連絡が依頼者〈債務者〉の支払停止と評価される手続では、早ければ早いほど良いというものでもないので、タイミングを見極める必要があります）。

また、既に訴訟提起を受けている被告側の事案であれば、**まずは委任状を係属部に提出**し、自分が代理人であることを裁判所に知らせます（なお、第一回期日は、依頼者から呼出状を受領した段階で、必ず答弁書提出期限と併せて手帳やカレンダーに転記しておきます）。

訴状に対する認否・反論に時間がかかりそうな場合や、第一回期日までに間がない時期に受任したという場合であれば、委任状と一緒に、請求の趣旨に対する答弁（「原告の請求を棄却する。訴訟費用は原告の負担とする。との判決を求める。」など）を簡潔に記載し、請求原因に対する**認否・反論は「追って主張する」とした答弁書の提出（いわゆる三行答弁）を先行**させておきます。そうすることで、少なくとも答弁書提出期限や期日を失念して欠席判決を受けてしまうリスクはなくなります（調停を申し立てられた場合であれば、欠席判決のリスクはありませんが、同様に速やかに裁判所に委任状を提出します）。

なお、既に相手方からなされているアクションに対して、こちらから回答や反論をする必要があって、そのためにある程度の準備（相談者からの事実経過の詳しい聴き取りや裁判例等の調査など）が必要となるという場合も、まず**受任した旨と「追って改めてこちらの主張を連絡いたします」としたためた通知を送付**しておきます。

相手方から定められた回答期限内に対応するのが難しい場合には、一応指定された期限内に受任の第一報を入れ、「追って主張する」旨を伝えるべきでしょう（この点は依頼者の安心にもつながります）。

答弁書にせよ反論書（回答書）にせよ、最初の段階で十全の主張が

できればそれに越したことはないのですが、それが難しい場合も多いので、このような方法は実務的にもよくとられています。

ただし、事件の性質や依頼者の意向で、「初回の通知文書で強いインパクトを与える」必要性が高い事案もあり、その際は、「受任の旨のみの先出し」の方法は相当ではありません。腹をくくってできる限り早期に準備を調え、一撃目から万全の通知を送りつけましょう。

また億劫な訴状や準備書面の場合は、何はともあれ無理矢理にでも一文字めを書き始めることです。例えば、とりあえず「第○準備書面」というタイトルと書面の1ページ目の記載を完成させたら、記載すべき大まかな項目だけでも箇条書きしてしまいます。起案の腰の重さは本当に最初のいくつかの文字、文章を書き始めるというヤマを超えることで意外とスムーズに進み出すものです。

(2)　相手方のない事件の場合

明確な相手方が存在せず、もっぱら自分の側で準備を調えて動く必要がある事件の場合も、早期の着手が求められる点は同様です。この場合、いたずらに時間が経ってしまいがちなので、依頼者との間で「何月何日までに申立てを行います」などと**一定の期限を決め、それを守る形で進めていく**のが適切です。また、進捗が遅い事件では、**とにかく依頼者との次の面談日程を先に決めてしまい、それに合わせて自分側の宿題を進めていく**という形で自分を追い込む方法も有用です。

ウダウダ言わずに速やかに着手する。

4 報告と協議の ゴールデンルール

❶ 報告義務と方針協議の義務

　事件処理に当たっては、事件の経過及び事件の帰趨に影響を及ぼす事項を依頼者に報告し、協議しながら事件の処理を進めなければなりません。また、委任が終了する際には、処理の結果がどのようなものになったのかも説明する必要があります（職務基本規程36条、44条、司倫21条2項）。

　依頼者は、専門家に依頼した後も、自分が勝てるのか負けるのか、最終的にどれくらいの利益が得られ、あるいはどのような負担を負わなければならないのか、事件処理のためにあなたにどのくらいのコストを払うことになるのかといった不安を抱き続けているのが普通です。安くない費用を支払って事件処理を任せた以上、それに見合った働きをしてもらいたいという気持ちも、当然あるでしょう。

　あなたも、そのような依頼者に対し、処理事案の報告と協議を尽くさねばなりません。事件に対する処理方法や姿勢には全く違いがなくても、このような報告を行っているか否かで、依頼者の満足度やあなたとの信頼関係の強さは随分と変わってくるものです。

❷ 「どうなっていますか？」という問い合わせの意味

　本来、専門家に対して、自分の依頼した事件がどのように処理されているかを問い合わせるというのは、少なからず気後れするものです。

　それでも、**依頼者が「どうなっていますか？」と問い合わせてくるとき、それはあなたに原因がある**と見なければなりません。

　処理が遅かったり、進捗の報告がなかったり、あるいは（そのような問題がなかったとしても）解決までの道のりや見通しに対する説明

（⇨第３章**5**参照）が十分でなかったりといった問題がないか疑ってみるべきでしょう。

このとき、大別すると「遅い！　早くしろ！」という態度を前面に出す依頼者と、「お忙しいところ急かしてしまってすみません」という控えめな態度を見せる依頼者の二とおりがあります。

我々は得てして後者を歓迎しがちですが、いずれのパターンの依頼者であっても、思っていることは同じで、単に外への現れ方に違いがあるに過ぎません。要するに、**依頼者は、事件処理経過や今後の方針に関するあなたの説明やその頻度が十分でなく、不安と不満を感じている**のです。

❸ 報告・協議の頻度

「どのくらいの頻度で報告・協議を行うのがベストか」について、私は、①事件に大きな動きがあった場合や重要な方針決定が必要になった場合は、その都度報告・協議を行い、②そのような場合でなくても定期的に報告を行う、という二つのルールを併用するのが良いのではないかと思います。

このうち①は当たり前として、②のルールを用いる場合、どのくらいの頻度で定期的な連絡を入れるべきでしょうか。

ここで私が提案したいのが「１ヶ月」というスパンです。

私の経験上、「あれから１ヶ月経ちましたし、どうなったかと思って」というように、進捗を問い合わせる際「１ヶ月」という期間に言及する依頼者が多く、実際にも２〜３週間ごとでの問い合わせは稀です。

そのため、一般的感覚として、**「何も音沙汰ナシで耐えられる期間＝１ヶ月」**というのが、一つの重要なラインではないかと感じています。

我々にとって「１ヶ月」はせいぜい訴訟の期日間１回分に相当する程度の期間であり、これを「長いなぁ」と感じることはあまりないかもしれません。しかし、依頼者にしてみれば、自分の依頼しているただ一つの重大事件の進捗を待ちながら週末を４回過ごすだけの期間で

あって、その受け止め方にはやはり違いがあるように思われます。

　では、この1ヶ月という定期報告の際に、何も事件に進捗がない場合はどうしたら良いのでしょうか。②の定期的な報告は、依頼者に対し、「あなたの依頼した事件が適切に把握、管理され、処理されていること」を伝える意味が大きいのですから、その場合は**「未だ動きがないこと」を無愛想でない程度の少し丁寧な言い回しで報告**します。この場合、「○○頃に再度、相手方に進捗を問い合わせる予定です」というように具体的な予定を言い添えておくと依頼者も安心できます。

　ついでにもう少しだけ先に進んで考えてみましょう。

　例えば、自賠責保険への後遺障害等級認定申請、法務局への筆界特定申請のように何らかの審査手続をとっている場合、**数ヶ月レベルで審査待ちの状態が続くという場面**があります（また、裁判手続で鑑定人の判断を待つために次回期日が「追って指定」のまま数ヶ月が経過するという場合があり、これも同様です）。

　このような場合、あまりにも長い時間、音沙汰がなければ、あなたとしても、申請先や裁判所に現在の進捗状況を問い合わせるはずです。

　このような問い合わせも、依頼者から「先生、あの件どうなっていますか？」と聞かれてから「そうですね、一度私から調査事務所に問い合わせてみましょう」という対応をとるのではなく、依頼者が心配しない程度の期間を見極め、**あなたが先回りする形で申請先等への進捗状況確認を行い、それを問われるよりも前に依頼者に報告する**のです。

　最終的に依頼者が得る情報は同じでも、それが伝わるプロセスによって、あなたに対する信頼は、増しもすれば減りもするのです。

　そして、このような進捗状況の報告を尽くすことによって初めて、依頼者も「自分の事件がきちんと把握、管理され、きちんと処理されている」という安心感を持てるのです。

　この点、数日ごとに進捗を問い合わせてくるなど、その確認の頻度が多すぎる依頼者も中にはいます。そのような依頼者に対しても、受

任者であるあなたはなお、報告・協議の義務を負っています。

しかし、交渉ごとでは相手方の回答や対応を急かすことで却って弱気な印象を与えてしまうおそれもあります。そのため、そのような場合は、「頻繁な問い合わせによっても事件の早期進捗は期待しがたいこと」（場合によりデメリットがあること）を説明し、「何か動きがあり次第報告します」との対応をとる方が良い場合が多いでしょう。

❹ 報告・協議の仕方

何でも口頭で済まそうとする人もいますが、あなたが報告・協議の義務を果たしたことや、その際の説明の内容を明らかにするためにも、書面や電子メール等、**形に残る連絡方法を選ぶべき**でしょう。

もっとも、電話や電子メールではどうしても素っ気ない印象があり、また真意も伝わりにくいという問題があります。そのため、このような場合は、面談にて相手の表情を見ながら直接意思確認を行うことを、検討します（確認結果は必ず記録に留めておきます）。

私もイソ弁時代の師匠から、「和解案の諾否や控訴の是非を協議するときは、必ず依頼者本人と面談の上、顔をつきあわせて協議するように」と教えられたものです。リアルタイムに現れる表情や話ぶりといった情報が、依頼者の真意を察するのに大いに役立つからです。この際、依頼者を呼び出すことに躊躇する必要はありません。

5 預り金、預り品の保管術

❶ 預り金保管について

　事件を処理するに当たり、依頼者等からお金を預かることが必ずあります。この場合、自己のお金と区別し、それが預り金であることが明確にわかる形で保管しなければならず（職務基本規程38条、司倫32条1項）、また相手方等からの賠償金や弁済金など、依頼者のために金員を受領した場合は、その旨を遅滞なく依頼者に通知することも忘れてはなりません（司倫32条2項参照）。

　預り金については、日弁連が平成25年8月より施行している**「預り金等の取扱いに関する規程」**（平成25年5月31日会規97号、平成29年3月3日改正）に詳細な定めが置かれています。これには、悪しき先人の知恵から生み出されたという経緯から、「流用の禁止」（2条）といった薄ら寒い定めも置かれていますが、弁護士・弁護士法人のみならず司法書士が受任者となる場合にも指針となり得るものです。必ず目を通しておいて下さい。

　預り金については、要するに**「依頼者の金をきっちり分けて適正に保管しておきなさいよ。手を付けてはいけませんよ」**ということであり、通常の理解力と親から教えられた倫理観があれば、何ら難しいことではありません。

❷ 預り品保管について

　もう一つ、注意をしておきたいのは、預り品保管についてです。

　事件処理に際し、証拠となる物品や書類の原本資料を預かる場面は多いのですが、これがトラブルに発展することもあるため、注意が必要です。特に新人のうちはこれで肝を冷やすことが少なくありません。

ところが、弁護士職務基本規程でも司法書士倫理でも、預り品については「善良な管理者の注意をもって保管せよ」と定めているだけです（職務基本規程39条、司倫31条）。

「善管注意義務」は、さまざまな状況・場面が考えられる問題・分野について、ざくっと「とにかく注意して問題起こさず、うまくやれ」と定めるときに誠に便利な表現ですが、やや具体性に欠けます。

では、実際の保管の際にはどのような点に注意すべきでしょうか。これを考えるには、具体的に生じうるトラブルの様相を知っておく必要があります。

まず、**預り品の紛失・汚損**という問題が考えられます。

私が実務に出て1年目のとき、ある物品を預かったか否かが依頼者との間で問題となったことがありました。

依頼者は私に預けたという頭で、「以前お渡しした○○銀行の通帳をいったん戻して下さい」と言ってくるのですが、私としては事件記録と一緒にも保管していないし、原本を預かった記憶というのもありません。ところが、明確な記録を残していなかったことに加え、相手が事務所の顧問先であったということもあり、なかなか自信を持って「預かっていませんよ」とは言えず、弱りに弱ったことがありました。

結局、再度依頼者側で探してもらったところ、すぐに通帳が見つかり、私に預けたというのが単なる思い違いであったということがわかったのですが、今思い返しても恐ろしい体験です。

ここで問題をシビアにしているのは、「預かったかどうかを巡って依頼者と問題になっていること」それ自体ではなく、**「記憶が曖昧で預かったかどうかが自分ではハッキリわからない」**という点なのです。逆に言えば、自分で預りの事実の有無を記憶喚起でき、自信を持って説明できるのであれば、何も怖いことはありません。

❸ 預り品保管で注意すべき点

預り品保管に関しては、以上のような問題が生じるおそれがあるのですが、この点を防ぐためいくつかの注意点があります。

⑴　保管方法を決め、それを厳守する

　預り品を紛失したり汚損したりという問題は、物品の杜撰な管理に起因して起こります。

　常に机の周りの整理整頓に努めるのはもちろんですが、**自分の中で預り品の保管について一定のルールを定め、それを頑なに守る**という方法をとることがより重要です。

　例えば、重要な書証の原本であれば、弁論期日での原本提示の便宜上、事件記録と一緒に保管することが多いと思われますが、これらを全て記録中に編綴したチャック付きのクリアケース内に保管しておくなどが考えられます。もっとも、多数の通帳や印鑑類といったかさ張るものは、事件記録内のケースに入れての保管が難しいので、事件ごとに事件関係物品保管用のボックスを作り、そこに毎回事件記録と一緒にしまうようにします。

　なお、「超重要な資料は金庫に入れておく」という意見もありそうですが、事件記録と離しての保管は、他の事件記録や資料への混入という厄介なリスクがあるため、個人的にはあまりオススメできません。鍵のかかる書架で、記録本体と一緒に保管しておくのが良いでしょう。

⑵　原本と写しの別を意識して区別する

　預かる物品が原本と写しのいずれであるかに注意して下さい。

　私としては、**原本の預り保管は何かとリスクがつきまとうため、どうしても必要な場合を除き、できるだけ避けるべき**だと考えています。そのため、重要な書証については写しを取った上で、原本はできるだけその時点で依頼者に返却するよう努めています。

⑶　明確な記録化を

　また、**資料の預りや返却の事実を、その都度、記録化していくこと**が大切です。

　とはいっても、いちいち「預り物品管理簿」というような大仰なものを作って記録化していくというのは煩雑ですし、これまた転記・記

入漏れというリスクも考えられます。よほど重要なもの（判決書正本や代替性のない証拠物品など）であれば受領、返却ごとに物品の受領書を作成するべきでしょうが、そのような取扱いを物品の授受全てについて行うのは、およそ現実的ではありません。

　そのため、私としては、事件記録中に横罫だけを引いた「経過表」のページを作り、そこに逐一略記にて物品の授受も記録していくようにしています。

　具体的には「R．5．27．9．15　依頼者より休損証明（原本）受領」「R．5．10．27　みずほ三ノ宮1234567通帳（原本）を○○に返却」といった具合に日付、物品、処理結果を記載していきます（なお、「経過表」は物品授受だけでなく、交渉経過やそのときどきの注意事項等を備忘的に書き記していく形でも使用しています）。また、受領した資料原本それ自体に、「令和○○年○○月○○日、依頼者来所時に写しを預り受領」と書いた付箋を貼っておくなどの記録化も、有用です。

　このようにこまめに授受を記録化することで、少なくともあなた自身は「物品を預かった状態にあるか否か」を把握することができるようになり、依頼者等とのトラブル回避に役立つことにもなります。

6 証拠調べ（尋問）の準備

❶ 「依頼者目線」での尋問の心構え

受任した事件が裁判になり、証拠調べ手続に入った場合、あなたも依頼者の尋問を行わなければならない場面が出てきますが、そこでは**普段の事件処理方針の協議とは違った配慮**が必要になります。

なお、尋問の具体的な技術や方法（あるいは方法論）については、拙著『若手法律家のための民事尋問戦略』（学陽書房）を参照頂くとして、ここでは依頼者との関係に焦点を当てて、いくつかの点を取り上げたいと思います。

(1) 主尋問の重要性

あなたが依頼者に対して行う尋問は、普通、**主尋問**のはずです（これが反対尋問だった場合、あなたの立証計画と訴訟指揮のどちらかが間違っている気がします）。

そして、「主尋問は成功して当たり前」という意識があるためか、経験が浅いうちは、尋問の準備をするにも、主尋問よりも「相手方本人や敵性証人を反対尋問でどうやって切り崩していくか」ばかりに意識が向きがちです。主尋問については、「陳述書も一緒に作っているんだから、そのとおりちゃんと話してもらえるだろう」と思ってしまうのです。

ところが「成功して当たり前」ということは、これすなわち「主尋問で崩れること」は致命的だということです（同書84頁）。

(2) 依頼者との捉え方の違い

依頼者にとっては尋問手続は、ただでさえ忙しい仕事を一日休み、慣れない裁判所に引っ張り出されて、あれやこれやと質問されるとい

う、普段体験することの全くない非日常の経験です。特に、友好的とはいえない相手方の代理人や強権的な裁判官から、どんな質問をされるのだろうか、それにうまく答えられるだろうかという不安は、依頼者にとって大きなストレスになります。

正直言って、依頼者は「お金を払って処理を依頼しているのに、何で自分も裁判に出ないといけないのか」とさえ思っています。依頼者としては、やはり「好き好んで出たくはない」というのが本音で、ここに我々との意識の違いがあるのです。

ところが、尋問の成否は質問に答える側の精神状態にも大きく左右されるので、できる限り平静・平穏な状態で質問に回答してもらうことが重要です。

そのためには、依頼者自身も当事者意識をしっかり持ち、種々の不安を払拭した形で、主体的かつ前向きに尋問に取り組む姿勢を身につけてもらう必要があります。

❷ 事前にあなたが準備すべきこと

(1) 必ず尋問のための事前打合せを

依頼者の不安を取り除く意味でも、**尋問前の事前の打合せと質疑応答の予行演習**（尋問テスト）は不可欠です。これは、目的が全く異なるので、陳述書作成の際の事情聴き取りとは別に行います（同書110頁以下）。

そしてこの際、尋問の具体的イメージを持ってもらうため、「なぜあなたに尋問手続に出てもらって証言（陳述）してもらうのか」「この尋問で立証すべき点（ゴール）はどこにあるか」といった、**尋問を行う意味、到達点をできるだけわかりやすく依頼者に説明**しておきます。

慣れない依頼者が、スラスラ陳述書どおりに答えられるはずがないのですから、主尋問でも質問内容を組み立て、流れに沿って何度か通して受け答えの練習を行うべきです。

この練習の際の依頼者の答え方を基に、質問内容自体も必要に応じ

て随時変更を加えていきます。また、この予行演習で、質問に対して迎合的か否かといった依頼者の特徴がより明確に見えてくるようになります（これも質問の組み立て方・見直しに不可欠の情報です）。

　私は、尋問期日の2〜3日ほど前に2時間程度の時間をとって依頼者に事務所へ来てもらい、そこで2〜3回は通して練習し、尋問当日も期日の30分〜1時間ほど前に裁判所等で落ち合って、最後の練習をするようにしています（同書111頁）。

　また打合せの際、①回答を質問に被せない、②わからないことはわからないと答え、無理に答えようとしてはいけない、③主尋問・反対尋問とも聞かれたことだけに端的に答えるように、④相手の挑発に乗ったり「こいつはわかっていないから教えてやろう」といった考えに呑まれたりしてはいけない、といったよくある注意事項を理由も含めて説明し、理解してもらう必要があります（同書113頁）。

⑵　陳述書その他の証拠との擦り合わせ

　事前打合せでは、**想定問答と、既に提出されている客観的証拠や依頼者自身の陳述書の内容との間に、矛盾や齟齬がないかを精査**します。

　矛盾・齟齬が生じてしまうようであれば、必要に応じて、質問・回答の仕方や内容を工夫して改めなければなりません。

　このような「他の証拠や陳述書との矛盾」が大きい場合、そのまま放置していると、ほぼ必ず反対尋問や裁判所の補充尋問で突かれてしまいます（たいてい、こちらのもっとも望まない形で、です）。

　そのため、尋問前の十分な摺り合わせによる矛盾・齟齬の洗い出しと、質問・回答内容の検討作業が必要なのです（同書75頁）。

　例えば、交通事故事案で、依頼者の説明と、双方立会いの実況見分調書の記載からうかがわれる事故発生状況とが矛盾するような場合です。このときは、どちらが正しいのか、（依頼者の主張が正しいとすれば）なぜ事実に反する実況見分調書ができてしまったのだと思うか、という点を依頼者に確認しておかなければなりません。

⑶ 不安を取り除く

依頼者が尋問手続に抱いている違和感、不安感を払拭するのも事前準備の重要な目的の一つです。

前記**⑴**のように、①主尋問自体の十分な打合せ・練習が第一ですが、質問事項を時間に沿って箇条書きにしたもの（ただし、想定回答の記載は抹消しておく）を事前に依頼者に見てもらい、主尋問の大まかな流れをつかんでもらうという方法が考えられます。

また、②相手方やその代理人から**糾問的、威圧的な反対尋問が行われる可能性があることを伝える**、③相手方のして来るであろう**反対尋問の内容を広角的に予想し、対策と共に依頼者に説明**する（同書118頁）、といった方法も準備として大きな意味があります。

特に、②③については、あなたが相手方代理人の立場に立ったと仮定し、存在している証拠や主張の内容、これまでの事務処理経験を基に、どのような攻め方をとるかを予想することになります。

これを正しく行うことで、依頼者にとっては、全く予想をしていなかった質問の流れになるというリスクを下げられ、心理的な余裕にもつながります。

Column 5　相談は繰り返される

　唐突ですがかつて、私には上下左右に4本、抜かれないままの親知らずがありました。15年ほど前に通っていた歯医者さんで指摘され、これは抜いてもらわないといけないと思ったのですが、そこの先生が言うには「4本が4本とも、これだけ真ん前に倒れて奥深くに埋まっていると、街中の歯科医院では抜けませんよ。抜くのなら4本同時は無理だから、何回かに分けて手術しないと」とのこと。

　私は「なるほど」とは思ったものの、仕事を休んで大きな病院の口腔外科で抜いてもらうのも面倒だと思い、「もしかしたら、軽い感じで抜いてくれる先生もいるかもしれない」と、別の歯科医院でも相談をしてみました。「抜かなくてもいい」という話でしたが、それにも納得がいかなかったのです。

　法律相談でもこれと同じことが言えます。相談者は、一度、法律相談に行って専門家から助言を受けても、それが自分にとってイマイチ納得できなかったり、期待外れだったりした場合、他の専門家の意見も聞いてみたいと思うものです。

　もう10年以上も前のことですが、ある自治体の相談で初老のご夫婦から相続の相談を受けたことがありました。そのときは、ご夫婦の希望されるような解決方法は難しいというお話をしたのですが、何とその半年後に同じ自治体の相談でまた、そのご夫婦から全く同じ内容の相談を受けたのです。相談者の話す内容にどこか聞き覚えがあったため気付いたのですが、よく見たら、持参された相続関係図に私が半年前の相談の際に書き込んだ鉛筆書きもそのまま残っていました。

　法律問題は、単に解決方法を指し示されるだけではなく、相談者がそれに納得して初めて解決に向かうものです。そのために、納得できるまでいろいろな専門家に意見を聞いてみるというのも、意味があるんじゃないかと思うのです。

　また、事件処理を依頼するために、信頼できる専門家に当たるまで相談を繰り返すということも、あるかもしれません。

　ちなみに、私の親知らずは、何人目かに相談した歯医者さんに「私を含め、普通の歯科医院でこれに手を出そうっていう人は多分いないと思いますよ」と半笑いで言われてから、じゃあ抜かなくていいやと思って放っていました。ところが、つい先日、左上の一本が痛み出して新しい歯医者さんに行った際、「これ今から抜きましょうか」と言われ、なんとその日に抜いてもらうことができました。いろいろな人の意見を聞くのも大切だということでしょうか。

依頼を断るとき

　断りたい、断らなければならない事件を前に
しても、受任を拒否できなかったために、思わ
ぬトラブルに発展することがあります。

　しかし、弁護士職務基本規程や司法書士倫理
では、「こういった場合には断らなければなら
ない」と書いてあるだけで、「どのように断っ
たらよいか」は全く書かれていません。

　そこで、第6章では、「断るべき依頼をどの
ように断るか」という点を、依頼のパターンご
とに検討しましょう。

1 利害対立のある事件の断り方

❶ 職務を行い得ない事件について

　先に書いたように、利害関係の対立が生じる事件については職務を行うこと自体が禁じられます（弁護25条3号、司法22条。⇨第3章❶参照）。

　そのような相談があっても、あなたは法律相談を受けることはできませんし、事件の依頼も受けられなくなるということです。

　これには、法律の専門家の品位、信用を保持して、職務の公正に対する信頼を確保しようという点に趣旨がありますので、**あくまでも「相談者や依頼者、相手方から見てどうか」という視点**が基礎となっています。「非常に割のいい事件だから、やっぱり相手方に就きたい」というあなたの思いは、ここでは一顧だにされません。

❷ どのような定めが置かれているのかを、まず知る

(1)　法律等の定める「職務（業務）禁止」のケース

　あなたにとって「**自分の相談者や依頼者の相手方からの依頼は受けられない**」という理屈の理解は容易だと思います。

　ただ、限られた領域で仕事をしている以上、「聞いたことのある関係者が絡んでいる事案には一切タッチしない」というのも、現実的ではないものです。セーフとアウトの領域を正しく知るため、やや面倒ではありますが、ここは条文の定めをきちんと押さえておきましょう。

　弁護士法25条では

①　相手方の協議を受けて**賛助**し、又はその**依頼を承諾**した事件

②　相手方の協議を受けた事件で、その**協議の程度及び方法が信頼関係に基づく**と認められるもの

③ 受任している事件の**相手方からの依頼による他の事件**（※依頼者の同意があれば受任可）

④ **公務員**として職務上取り扱った事件

⑤ 仲裁手続により**仲裁人**として取り扱った事件

が、職務を行い得ない事件として挙げられています（なお、同条6～9号には、弁護士法人の社員又は使用人である〈であった〉場合についての定めが置かれていますが、概ね前記の①～③とパラレルに考えることができます）。

司法書士法22条1項及び3項でも、弁護士法25条の定めに準じ、「簡裁訴訟代理等関係業務に関するものとして」との留保付きで、ほぼ同様の定めが置かれています。

ここでは「賛助」（司法22条3項1号）が若干わかりにくいですが、「相談者が希望する一定の結論ないし利益を擁護するための法律的見解や法律的解決手段を教示したり、助言したりすること」をいい（高中『概説』121頁）、要するに**「協議」と「依頼の承諾」の中間に位置する関与の状態**だと考えると良いでしょう。これには当然、法律相談も含まれます。

また、公務員や仲裁手続の仲裁人として関与した事件が、職務禁止の対象になるというのもわかりやすいところです。

ちなみに、弁護士職務基本規程では、相手方が「自分の親族（配偶者、直系血族、兄弟姉妹又は同居の親族）」や「別に受任している依頼者」である事件（職務基本規程28条）などについて、また司法書士倫理では「職務の公正を保ち得ない事由のある事件」（司倫23条）について、それぞれ職務禁止の対象に加えられています。

⑵ 問題になるのはやはりグレーゾーンのケース

利害の抵触するケースというのは、いろいろとややこしそうですが、条文をつぶさに見てみると、法律等で職務（業務）禁止が定められている範囲は狭く、いずれもそれなりに限定されたケースであることに気付きます。

ところが、**実際に受任の可否を巡って頭を悩ませないといけないのは、以上のような条文の定める場合には直ちに当てはまらないという微妙なケース**です。

❸ 具体的に考えてみよう

　あなたが共同事務所に所属しているところ、別の所属弁護士が処理している事件の相手方から依頼があったという場合を考えてみます。

　あなたが別の所属弁護士の依頼事件に全く関与していないのであれば、依頼を受けても形式的には弁護士法や弁護士職務基本規程に抵触することはありません。弁護士法人とは異なり、内部でそれぞれが別個に委任状を得た上、独立して執務している場合は、弁護士法や弁護士職務基本規程の定める職務禁止のケースに直接には当たらないのです。

　ですが、依頼者や相手方からはどう見えるでしょうか。内部の実態はともかく、自分の代理人と相手方の代理人が同じ事務所で机を並べて働いていると、「自分の依頼の秘密や不利な事情が相手に漏れるのではないか」「弁護士同士で、馴れ合い的な処理がなされるんじゃないか」と不安を抱いてしまいます。また、訴訟になったときに、原告と被告とで送達先が同じというのも、違和感を感じます。

　そう考えると、やはりあなたが受任するのは問題がありそうだとなります。また、ここではルールの説明なのであえてこのようなマイルドな書き方をしていますが、実務的には「あり得ない」受任の態様だといえます。

　では、「相手方の代理人が自分の配偶者だった」というケースはどうでしょうか。夫婦で別々の事務所に所属しているということはさほど珍しくないので、こういう事態も想定しておくべきかもしれません。

　この場合も、お互い、相手の依頼者との間に格別の関係がないのであれば、弁護士法25条や弁護士職務基本規程28条に直接触れることはなさそうです。

　ところが、この場合も依頼者は、「相手の代理人が奥さんだと、ウ

チの先生は言いたいことの半分も言えないんじゃなかろうか」と、事件処理に不安を抱いてしまうかもしれません。

これらはいずれも「法的あるいは職業倫理的にはグレーだけれど、実質的にはダメなケース」であるといえます。「法的にはセーフ」と言い切れないのは、そのような特殊な関係故に適正な事件処理が行われなかった場合には、懲戒（弁護56条）の対象となりうるためです。

やはり、**あくまでも「相談者や依頼者、相手方から見てどうか」という視点**で、受任の可否・当否を実質的に検討する必要があります。

❹ きちんと説明すれば理解は得られる

最後に肝心の断り方ですが、この後に紹介する事案と比べて、利害対立がある場合は、それほどナーバスになる必要はありません。

「これこれこういった理由で、利害が対立するので受けられません」ときちんと説明すればよいのです。相談者にとっては、利害が対立するというのは、比較的納得しやすい理由のようで、それでしつこく食い下がってきたり、難クセを付けてきたりということは私の経験上もまずありません。

ただし、その時点で相談者からの事情聴取がかなり進んでしまっていた場合は、既に依頼を受けていた「相手方」との関係でも、事件処理が継続できなくなる場合が出てきてしまうので、注意が必要です。

実は私、この件で別のところからもう相談受けちゃってたんですよ。申し訳ないけど他の先生を当たってもらえます？私ほど優秀な人はまず見つからんでしょうけれど。

不当な事件の断り方

❶ 不当な事件は「ハッキリと理由を告げてきっぱり断る」

　弁護士や司法書士は「不当な事件」「不正の疑いがある事件」を受任してはならず、そのため、法律相談の場でもこの点を十分に意識したアドバイスに努めないといけないということを書きました（⇨第3章⓫参照）。

　では、実際にそのような「不当な事件」の依頼の申入れを受けたとき、どうやって断れば良いのでしょうか。

　この場合、そもそも「受任してはならない」というように、依頼を断るべき積極的な理由がきちんと用意されているわけですから、断り方にあれやこれやと頭を悩ませる必要はありません。

　具体的な根拠を指摘し、なぜ不当かを説明した上で、ハッキリと「だから自分は受任できません」と相談者に伝えるべきです。

　例えば、「法的・実体的に請求に根拠がないことが明らかなので、私はお断りします」「○○の点が明らかに労働基準法違反のお話なのでお受けできません」というように、持って回った言い方を避け、ストレートに伝えます。

　この類型では、これ以外に適切な断り方はないと思われます。

❷ 断る際のテクニック

　法律相談の趣旨から言えば、「不当な依頼であることを相談者自身にも理解してもらえるよう説明を尽くすべき」ということになりそうですが、世の中必ずしもそのように理想的にコトが運ぶ場合ばかりではありません。また、「断る」という点から考えれば、あなたとしては「どうあっても自分は受任できない」ということを相談者に理解さ

せ、あなたへの依頼を断念させられれば事足りるのです。

そのため、このような場合、**依頼を受けることであなた自身が多大なリスクを負うのだという点を説明**するのも一つの方法です。

例えば、「そのような依頼を受けて処理したとしたら、私自身懲戒処分（弁護56条、司法47条）などの責任追及を受けるおそれがある」という点を、依頼を断る理由に加えるのです。

「バッジが飛ぶから受けられない」というあなたの言葉には、反論が困難なので、相談者はどうしても「それでもいいから受けてくれ」とは言いにくくなるものです。

また、「不当な事件」の受任が禁じられる根拠は、「社会正義（公正な社会）実現の使命を負う弁護士や司法書士が、不当な利益の実現に助力してはいけない」という点にあるので、この断り方はあながち間違ってもいないのです。

ただし、この場合、「弁護士だから（司法書士だから）受けられない」という言い方だと、「（暗に）自分自身でやれば良いと勧められた」と曲解する相談者も出てくるかもしれず、それは避けたいところです。

そのため、やはりバッジ云々といった点だけではなく、「相談（依頼）の内容が不当だから受任できないのだ」という、そもそもの点を強調しておかなければなりません。このとき、**私の意見に納得頂けなければ、私以外の専門家にもお話を聞かれることをお勧めします**」と言い添えるのも良い方法です。

❸ 断る際に気をつけておきたいこと

「不当な事件」を断る際に気をつけておきたいことを、いくつか書いておきます。

(1) 断る前に他に解決方法がないかをよく考える

先にも書いたように、相談者の提案それ自体が不当に思える場合でも、相談者の希望や存在する事実関係を調べていくことで他の適切な問題解決の方法が浮かび上がってくる場合があります。

例えば、法律相談で「違法な自力救済」の可否・是非を問われると

いうケースは多いのですが、この場合、「合法的な法的処理による解決」が想定できる場合がほとんどです（時間的・経済的余裕の無さや感情の対立から、それが一見困難に見えているという事案は少なくありません）。そして、法律相談では、そのような代替案の提案力も期待されています。

　依頼の内容自体が不当であったとしても、他の解決方法が本当に考えられないのかどうかを吟味した上で、受任の可否についての結論を出す必要があります。

(2) 「不当であること」以外の事情を断る理由にしない

　不当な事件を断る際は、**依頼が不当であることそれ自体を理由とすべき**であって、それ以外の事情を断る根拠（口実）とするべきではありません。

　例えば、依頼を断る便法として、得られるであろう成果に見合わないほどの高めの弁護士費用を提示し、依頼を断念させるということがあります（⇨本章**4**参照）が、少なくともこの方法は依頼自体が不当なケースでとるべきではありません。

　予想に反して、相談者があなたの提示額を支払う態度に出た場合、断る理由がなくなってしまいますし、何よりそのような条件を持ち出すことは、「不当な事件」については条件を問わず「受任してはならない」とされていること（職務基本規程 31 条）に反するからです。

　法律の専門家としては、「面と向かってはっきりとは断りにくい」という弱腰な態度ではなく、ストレートに対処したいものです。

(3) 不当な依頼が生まれる経緯を知っておく

　自分の依頼する内容が全く不当だとは思ってもみないという相談者がいます。この場合、あなたがきちんと説明すれば、ちゃんと理解してくれることが多いと思いますが、中には、「正直難しい面もあるかもしれないが、弁護士（司法書士）が受任して動いてくれたら何とかなるだろう。動かせたらこっちのものだ」と考え、依頼を繰り返して

くる相談者もいます（こういう相談者の場合、いざ問題が起きたとき
に「先生は最初断られたんですが、私がそれでもと無理にお願いした
んです」と言ってくれることを期待してはいけません）。

　また、相談者自身が、依頼が不当であることを最初から知悉してい<ruby>知悉<rt>ち しつ</rt></ruby>
るというケースもあります。

　私が司法修習生の頃、研修所の民事弁護の講義で、教官から「これ
から実務に出ると、必ずや甘言を弄して、諸君の弁護士としての信用
や地位を利用しようとしてくる輩に出会うだろうが、いかな条件を示
されようとも絶対にそれに与してはならない」という重いお話があり
ました。

　弁護士が爆発的に増えて依頼のコストが下がり、幸か不幸か「甘す
ぎるお話」は聞かなくなりましたが、そういった「法律の専門家の地
位を利用し、利用されているケース」を耳にすることは、むしろ以前
よりも増えたように思います。

　いずれにせよ、「不当な事件」については、**あなたが受任できない
ことをハッキリと相手に伝えることが何より重要**なのです。

　ちなみに、私がこれまで聞いた中でもっとも怪しい「弁護士向けの
儲け話」は、「中東の資産家が20億円を預けるので、弁護士名の口座
を貸して欲しい。また、先に20億円の預り証を出して欲しい。手数
料は1割を払う」というものでした。

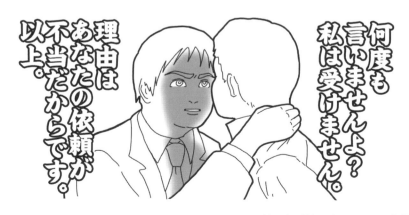

何度も言いませんよ？私は受けません。

理由はあなたの依頼が不当だからです。以上。

相談困難者の断り方

❶ パターンごとの対処方法

　法律相談で、コミュニケーションが難しい、いわゆる相談困難者に当たったとき、まずは、適切な助言を行った上で解決を試み、どうしても難しい場合には、最終的には平行線のまま「見解の相違」という形で相談を終わるべきということを書きました（⇨第3章**16**参照）。

　もっとも、「相談困難者」は大きく分けると二つのパターンがあり、それぞれに応じた対応をとる必要があります。

❷ 価値観が特殊な相談者の場合

⑴　どのような場合か

　「価値観が特殊である」とは、**相談者の持っている認識が社会通念や一般常識からかけ離れており、これが問題解決の障害となっている場合**です。

　例えば、交通事故の加害者であるのに、被害者の軽微な過失を挙げ連ねて自分の落ち度を認めないであるとか、あるいは、法律上およそ成り立ち得ないような請求を、当然認められるべきものだと信じて疑わないといった相談者の場合です。

⑵　受任により生じる問題点

　このような相談者の特徴として、依頼申込みに際し、「勝てますよね？」「相手からこのくらいは取れますよね？」と、「依頼することによって自分の望むような結果が得られる保証」をあなたに求め、何とかしてあなたの言質を取ろうとする態度を見せてくることがあります。

相談者が考える（実際には似ても似つかない）「類似の事案」の解決例を引き合いに出し、「自分のケースでも同じくらいとれるはずだ。取れないとおかしい」という言い方をしてくることもよくあります。

ですが、そもそも相談者の要求自体、法的に認められる余地が乏しく、有利な結果が期待しがたいのですから、これが可能なように請け合うことは、受任者の対応としても問題があります（職務基本規程29条、司倫67条）。

また、強引に「自分の価値観への引っ張り込み」をしようとする相談者であるため、依頼を受けた後、相談者の望むような結果が十分に得られなかった場合には、事件処理の適否を巡ってあなたとの間で問題が持ち上がることも多いのです（「自分の価値観は間違っていなかった以上、それが認められなかったのは自分以外の者に責任があるのだ」という思考になりがちです）。

当然、これは約束したはずの報酬の支払いや費用実費の精算にも影響を及ぼします。

他方、いったん委任関係ができてしまうと、受任時にあなたが指摘したリスクについては速やかに「なかったこと」にされてしまいます。

⑶　見通しを示しつつはっきり断る

このような相談困難者の場合、受任に至ってしまうと、事件処理や費用精算の上で極めて後ろ向きなトラブルになるおそれが高く、依頼を受けるか否かは慎重に判断したいところです。

もっとも、この種類の相談者は自分の言い分や価値観が評価・実現されることを何より重視しています。依頼時に「有利な結果が得られる」との保証を執拗に求めてくるのもこのためです。

そのため、あなたの見立てや意見が自分と違うということを繰り返し説明して理解してもらえれば、依頼を断念してもらえるということが多いように思います。

そこで、このような相談者の依頼を断る際には、**相談者の期待する有利な結果が得られる見込みは極めて乏しいこと、そのために自分に**

TIPS

は**受任する意思がないこと**をはっきりと説明すべきです（場合によっ
ては、書面で見通しと共に伝える形でもよいでしょう）。

❸ 事実の認識に問題がある相談者の場合

⑴　どのような場合か

　もう一つの相談困難者のパターンは、相談者の**事実関係の説明が荒
唐無稽であったり、支離滅裂であったりする場合**です。

　例えば、「隣人から四六時中監視され、電磁波で攻撃を受けている」
であるとか、「自宅の玄関も窓も鍵をかけているのに、いつの間にか
誰かが入ってきて物を盗んでいく」といったような相談です。それほ
ど多いケースではありませんが、1 年を通して法律相談に入っている
と何例かは出会うことがあります。

⑵　受任により生じる問題点

　特徴としては、相談者の説明する事実関係が常識的に考えるとあり
得ない内容が含まれているという点です。また、相隣関係や親族関係
といった限られた関係で、理不尽な迫害を受けているという内容のも
のも多く見られますが、相談者の説明する事実関係相互で矛盾を生じ
ているということも少なくありません。ところが、それに対して矛盾
を指摘しても、相談者が納得したり、理解を改めたりということには
なかなか至りません。

　一般的には、到底理解しがたい事実関係を前提とする相談が多いた
め、仮にあなたが受任したとしても、相談者の考える問題を解決し、
それによって相談者に安心をもたらすという結果を得ることは極めて
難しいという問題があります。

⑶　立証の難しさを指摘して断る

　相談者の説明を前提に、あくまでも法律相談、「法律による解決」
という枠組みで考えた場合、他者に対する損害賠償請求や物品の返還
請求、不法行為の差止請求といった形とならざるを得ません。しか

し、ほとんどの場合、その請求の根拠となる事実関係が立証できないため、解決にはつながりません。

そのため、「断り方」という点からすれば、**相談者の説明する事実関係の立証が不可能なため、相談者の望む解決を得ることが難しい**、という対応にならざるを得ません。この点は、相談時の対応とほぼ同様です（⇨第3章**15**参照）。

なお、実際にはこのような相談の中には、何らかの疾患が影響していると思われる場合（すなわち、客観的には法的問題が存在していないという場合）もあり、そのようなケースではそもそも法律での解決になじまないのです。

とはいえ、あなたは医療の専門家ではなく、また相談内容の守秘義務を負う立場でもあるわけですから、相談者やその周囲の第三者に対し、安易に医療機関の受診を勧めることは避けるべきです。

この場合、相談者に対し、親族やケースワーカー等信頼できる周囲の人間にも、問題解決の方策について相談してみることを勧めるというアドバイスの仕方も、一考の価値があるのではないかと思われます。

ときには見送る勇気も必要

ズバアン

4 経済的合理性が乏しい 事件の断り方

❶ 「経済的合理性が乏しい」とは

「経済的合理性が乏しい」事件とは、**「受任し処理することに要する コストが、処理によって得られる経済的利益を上回るような事件」**を いいます。

弁護士や司法書士に依頼して紛争の解決を目指す場合、専門家に支 払う報酬や、事件処理に実際にかかる実費費用などさまざまなコスト が発生し、これは依頼者にとっては相応の負担となります。

ところが、費用をかけたからといって、それに見合った成果・経済 的利益が必ず得られるという保証はどこにもありません。

例えば、事実経過や証拠に照らして、そもそも勝訴の可能性が低い 場合もあれば、勝てることはほぼ間違いないけれども、現実に利益を 回収できる可能性が極めて低いという場合もあるでしょう（⇨第3章 **7 8**参照）。

そのため、我々が事件を受けるか断るかを判断する際には、こう いった「勝てるかどうか」「見合うかどうか」という視点は絶対に無 視できません。

一般的にいっても、5万円の利益しか得られないことが確実な事件 のために、100万円もの費用を投じるというのは馬鹿げていると考え る人の方が世の中には多いようで、このような場合には、相談者も事 件の依頼を躊躇するのが普通です。

❷ 「経済的合理性が乏しい」事件を受けるリスク

一見して経済的合理性を欠く事件についても、「事実の解明をした い」「相手方を攻撃したい」といったさまざまな理由で、依頼を申し

込まれることがあります。

　ただし、そのような場合でも、**依頼者が心のどこかでは必ず「支払った費用に見合うだけの成果が得られてしかるべきだ」という意識を持っている**ということを忘れてはいけません。

　また相談者や依頼者は、自分にとって都合の良い情報は精一杯膨らませ、都合の悪い情報は、希望的観測という篩^{ふるい}にかけて処分してしまうものなのです（⇨第3章**6**参照）。

　「お金の問題じゃないんです」と言われて受けた事件で、事件処理の結果、得られた内容の評価や報酬・費用の精算の場面で揉めることが多いのは、このためなのです（⇨第3章**7**参照）。

　そういう意味で、「依頼者にとって経済的合理性がない事件」を受ける受任者は、そうでない事件を受ける場合に比べて、やや不利な状況から事件処理を始めなければなりません。そのような事件を受任するか否かは、こういったリスクが存在することをきちんと見据えた上で慎重に決める必要があります。

❸ コストをディスカウントすることは適切か

　単純に考えると、「コスト＞メリット」という図式がある場合、メリットを増大させることは簡単ではありませんが、コストを下げて取り組むことで「コスト＜メリット」（＝依頼者にとって経済的合理性がある）という状態に持っていくことはできるかもしれません。

　そのため、「コストが高いのなら、得られる利益に見合う程度に下げてあげればいいのではないか」という発想それ自体は、さほど不自然なものではありません。

　先の例でいうと、例えば「5万円の利益しか得られない事件」でも、その処理に要する費用を3万円まで抑えることができれば、小さいながらも経済的合理性が生まれそうです。

　もっとも、通常であれば事件処理に100万円のコストがかかるところ、それを3万円に圧縮したとすると、減額した97万円分は誰が負担することになるのかという問題があります。

いわゆる完全成功報酬制には、リターン確実な先行投資の場合と単なる博打の場合とがある。

憲法訴訟や社会の注目を集める重大な刑事事件等の場合、いわゆる「手弁当」で事件処理に当たることには、それなりの意義があるのかもしれません。ですが、私人間で生じる通常の民事事件で同じ方法をとることはいかがなものでしょうか。

事業として法律事務を取り扱っている以上、少なくとも収支のバランスが保たれている必要があり、実費費用まで受任者での持ち出しでとなると、それは既に事業としての体をなしていません。

また、重要な点として、「**コストを下げたとしても、事件のリスク自体は何ら低下しない**」という点も忘れてはなりません。

あなたが受け取る報酬が3万円であれ100万円であれ、あなたの受任者としての善管注意義務（民644条）が減じられることはありません。むしろ、事件処理の対価が減る分、善管注意義務違反が現実化した際の負担感は、相対的に大きくなります。

このため、**安易なディスカウントは適切ではない**場合が多いのです。

❹ コストとリスクの説明を尽くす

では、このような経済的合理性の乏しい事件を断る場合、どのように断るべきでしょうか。

⑴　適正な費用を提示した上で選択してもらう

得られる経済的利益の多寡に着目するだけでなく、**純粋に事件処理のために必要となるコストを見積もり、相談者に提示して依頼の当否を検討させる方法**が考えられます。

事案の難易や処理にかかる時間・労力その他の事情も考慮して弁護士報酬の見積りを作成する必要がありますが（職務基本規程24条）、その額が事件処理で得られる経済的利益を大きく超えるという場合、この時点で依頼を断念するという相談者も多くいるはずです。

それでも相談者が見積もりの条件での委任に了承した場合には、受任した上で処理に当たらなければなりません。

もっともこの場合、後から依頼者から責任追及を受けないように、最初に見通し（が暗いこと）の説明書や確認書を作っておくことなど

を検討します（⇨第3章**6**参照）。ただし、それでも完全にリスクがなくなるわけではありません。

⑵　経済的合理性がないことを理由に、受任できない旨を伝える

　もう一つの断る方法は、そもそもの「相談者にとって、経済的合理性・メリットがない」という点を、理由に挙げるやり方です。

　「私が受任して処理に当たることが、あなた（相談者）にとって利益となるものとは考えがたいので、お受けすることができません」といった説明を行います。

　弁護士や司法書士は、一定の場合（弁護24条、司法21条参照）を除いて事件の受任義務を負うことはなく、また、「依頼者の権利及び正当な利益の実現」（職務基本規程21条）、「依頼者の正当な権利の保護及び実現」（司倫60条）を目的としています。

　これらも考慮すれば、「受任の上、処理することが依頼者にとって適切とは言いがたい事件（＝経済的合理性を欠く事件）については受任しない」とのスタンスをとることも許容されるものと考えられます。

5 緊急の事件の断り方①
－取り得る対応と留意点

❶ 法律相談に臨む際の心構えは

　法律相談はあくまでも「相談」の場であり、通常、法律家の受任が保証されているわけではありません。相談の形態によっては「原則受任義務あり」といったルールを設けている場合もありますが、正当な理由による受任拒絶の可能性は残ります。既に見てきたように、事案の内容によっては、受任すること自体が適切ではないというケースも少なくないからです（⇨本章❷～❹参照）。

　また、法律家の受任・処理が必要・相当と思われる場面でも、相談を受けた法律家の側で断らざるを得ないときもあります。利害対立の場合（⇨本章❶参照）もあれば、あなた自身の業務量・スキルなどに照らすと責任ある処理ができない場合もあるでしょう。

　では、このとき、相談者の置かれた状況が早急な対応を要する差し迫ったものであった場合、相談を受けた法律家は単に受任を断るだけでよいのでしょうか。

❷ 考えられる対応

⑴　できうる限り相談者の負担にならない対応を

　処理が必要な緊急の案件の受任を断られた相談者は、別の法律家に相談・依頼をするなどして、何とか事態の打開に努めなければなりません。ところが、相談者がそのような処理をとる間にも事態が回復困難な程度まで進展してしまう場合があります。

　多くの場合、相談者がそうした緊急の状況に置かれることになった点について、相談を受けただけの法律家の側には何らの責任も落ち度もないのが普通です。ともあれ、法律家としては、できうる限り相談

者の負担が軽減される形での断り方を模索したいところです。この場合、考えられる対応方法としては、以下の3パターンがあります。

⑵　相談者自身での対応方法を詳しく説明する

　相談者自身での対応で急場をしのげる場合には、相手方や請求者等への書面、口頭での対応方法を詳しく説明してあげるとよいでしょう。

　相手方からの書面で一方的な回答期限が提示されていたり、請求の督促がなされていたりということがありますが、仮にその期限までに全ての対応が完了しなくても、こちらが解決・対話・対応の姿勢を見せることで、差押えや訴訟提起などより深刻な事態に発展することを避けられる場合は多いわけです。内容証明郵便に「本書到達から14日以内に後記口座に…」と書きつつも、送る方は実際にその期間内に言い値がそのまま振り込まれるなどということは期待していないのが普通です（逆に、そのような少しのバッファもなく訴訟提起されてしまうという事案であれば、そもそも法律家が即時に受任したとしても状況はほとんど変わらないでしょう）。

　こうした事案では、例えば、「現在、こちらも専門家に相談中なので、返答をもうしばらく待ってもらいたい」と伝えるよう相談者に指示し、その上で、あなた以外の別の専門家を探してもらう時間的余裕を確保させましょう。被告として訴えられた事案でも、請求原因に争うべき点がなく、和解による解決を模索する場合には、相談者本人に答弁書を作成・提出してもらうということはよくあることです。

⑶　他の法律家・相談機関を紹介する

　もう少し緊急度が高く、法律家の受任・対応が必要と思われる場合はどうでしょうか。例えば、相談者において相手方の資産の仮差押を早急に行わないといけないといった場面です。

　この場合にもあなた自身が依頼を受けられないわけですから、別の法律家や相談機関を紹介し、相談者が別の法律家にスムーズに事件依頼ができるように協力してあげるとよいでしょう。

TIPS

相談者本人の名で対応させるケースでも、「背後の法律家の存在」をあえて匂わせた方が良いことがある。

別の法律家を紹介する際に、あなたが相談者との間に入るのか、それとも相談の概要だけを紹介先に伝え、アポイントメントを相談者自身にとってもらうかは、事案に応じて慎重に考えます。

　別の法律家を紹介できたとしても、相談者は少し時間をロスした状態で、また０から相談を始めなければなりません。そのため、全く受任・対応の可能性のないような人物を紹介するわけにはいかず、あなたの側である程度、事案の概要と必要な処理を紹介先の法律家に伝えるなど、橋渡しをしてあげる方が望ましいといえます。

　もっとも、利害関係の抵触で受任できない場合には、そのような紹介時の関わり自体も望ましくないため、とりあえず相談を受けてくれる法律家を見つけて相談者に伝え、あとはその法律家と相談者のやり取りに任せるというのが適切です。

⑷　とりあえずの措置だけ協力する

　緊急案件を断る際のもう一つのパターンとして、相談を受けた法律家が、とりあえず急場しのぎの措置だけ協力することもあります。例えば、消滅時効や出訴期限、控訴期限が迫る事案で、催告（民150条１項）の内容証明郵便や形式的な訴状、控訴状を作成してあげる場合です。こうした場合、具体的な主張・反論は追って行うものとして、取り急ぎ形式的な手続要件を満たす書面を提出することで、実質的な対応のための時間的余裕を生み出せるはずです。

　また、緊急度は下がりますが、金銭的請求を受けている事案で時効援用主張のための通知書を作成してあげるということもあるでしょう。

　これらの対応は、あなたが受任できない場面でのことであるため、当然、相談者自身の名前での書面を作成し、相談者自身に発出させるのが原則となります。

❸ 注意しておくこと

⑴　受任の諾否を明確にしておくこと

　特に❷⑶、⑷の対応をとる場合ですが、こうした限定的な形での協

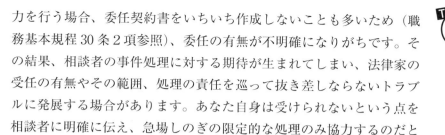
力を行う場合、委任契約書をいちいち作成しないことも多いため（職務基本規程30条2項参照）、委任の有無が不明確になりがちです。その結果、相談者の事件処理に対する期待が生まれてしまい、法律家の受任の有無やその範囲、処理の責任を巡って抜き差しならないトラブルに発展する場合があります。あなた自身は受けられないという点を相談者に明確に伝え、急場しのぎの限定的な処理のみ協力するのだという点について理解と了承を得ておく必要があります。

⑵　方針決定についての注意

　次に、限定的な関与を行う場合も、その際の方針についてきちんと相談者と協議し、可能であれば記録化しておくべきです。時間が無い中での相談では、セカンドオピニオン（⇨第3章17参照）の余裕はないため、相談者の選択の幅も狭まり、法律家の説明した方針の適否を十分に検証・検討することも困難になります。

　例えば、金銭等を請求されている事案について、和解的な解決を前提とした対応を行う場合は、債務の承認による時効更新（民152条1項）となり、以後、時効主張が困難となります。

　このように緊急事態における対応を考える際には、その方針が適切かどうかを時間が限られた中で可能な限り精査し、相談者の理解と了解を得ておく必要があります（この観点からも、法律家ではなく相談者自身の名義で対応してもらうという点は重要なのです）。

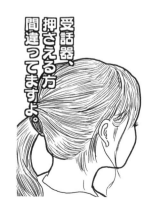

緊急の事件の断り方②
－自らの対応の妥当性について考える

❶ そもそも対応をとることが適切か考える

　本章**5**では、緊急の事件の具体的な対応とその留意点について検討しました。本項では、「事態が差し迫っている事案で、以上のような対応をとることが適切・妥当かという視点」を持ち続ける必要性について述べておきたいと思います。

　例えば、あなたが受任を断る理由が、相談内容の不当さ（⇨本章**2**参照）にあるのならば、限定的な形であっても、あなたが相談者の要求を実現する方向で関与することは許されません。これは、相談者の訴える相談の内容が緊急であるか否かで変わるものではありません。

　では、相談内容が経済的合理性を欠くもの（⇨本章**4**参照）であるとか、相談困難者による相談（⇨本章**3**参照）である場合などはどうでしょうか。この場合、あなたが別の法律家を紹介することで、その法律家と相談者の間で相談・受任を巡って新たなトラブルを生じるおそれがあります。相談者としては、わざわざ別の法律家を紹介されたことで受任の期待が増すことになります。そうした状況で、ネガティブな事情を知らされずに緊急案件の紹介に応じた法律家は、なおさら断るのが困難な状況に追いやられてしまいます。そのおそれを認識しながら、詳細を秘して別の法律家を紹介するというのは、その法律家に対して甚だ不誠実であり、あなたとの信頼関係を破綻させるおそれもあります。このような場合、できうる限り別の法律相談機関や相談の場を教示するか、相談者自身に対応してもらう方法をとるべきでしょう。

❷ 緊急案件への心得

　こうした「急を要する相談」が持ち込まれることは、法律相談では

さほど珍しいことではありません。そして、法律家に期待される役割という視点で考えると、**「相談された案件が早急な処理を要するものである場合、可能な限り法律家にて遺漏なく対応することが求められる」**ということになりそうです。

この点、先にも書いたように、相談内容がいかに緊急性を有するものであったとしても、基本的に、相談を受けただけの法律家の側には何の責任も落ち度もないことが多いでしょう。むしろ、「漫然と滞納を継続した」「相手方からの要求を無視し続けた」といったように、事態をそこまでの状態に至らせてしまったという点について、相談者の側に責められるべき事情が存在するというケースも少なくありません。例えば、送達された訴状を無視して放置した結果、敗訴判決が確定してしまい、自宅の競売手続が始まってからやって来た相談者に対し、法律家ができることは限られます。その結果、相談者に生じる不利益について、法律家が責任を負わなければならない理由はありません。

ですが、そうした相談者の責任・落ち度の有無に関わらず、相談を受けた法律家としては、相談者の置かれた状況に応じて可能な限り尽力することが期待されています。また、そのような緊急案件を前に、やむを得ない事情によって受任処理ができない場合には、単に断るだけでなく、可能な限り、以上に述べたような対応をとることが適切だといえるでしょう。ここでは、法律家としての責任の有無と相談でとるべき対応との切り分けが必要です。

7 その他、受任がふさわしくない ケースの断り方

❶ 断る理由を探すあなたに

　本章の**1**から**4**では依頼を断るべき典型的なパターンごとに、断り方を考えてきました。

　もっとも、我々が相談を受けたときに「受けたくないなぁ」と感じてしまうのは、そういった典型的なパターンよりもむしろ、相談者と信頼関係が築けなさそうだとか、相談者の話す内容やその背後関係にどうにもキナ臭い匂いを感じてしまうだとか、あるいは相談内容が明らかに自分のスキルを超えており自信がないだとか、そういった場面です。

　そこで、最後は何と言って断ったらいいのか迷う場合に、使えそうな「断り方」という視点から少し考えてみたいと思います。

❷ 相談者と信頼関係が築けなさそうなときの断り方

　例えば、相談の内容だけを聞くと不当とまでは言えないものの、依頼のルートがおかしかったり、説明される事実関係がやけに都合の良すぎる流ればかりだったりと、**相談者の言葉の端々やその背後に危険なものを感じてしまう**という場合があります（実務家としての経験を積むことで、そういった「危ない要素」を嗅ぎ取る能力も高まってくるものです）。

　中でも、有利な処理結果が得られるということについて言質を取ろうとしてくる相談者、もっとも有利な場合の処理結果見込みばかりを確認してくる相談者には、要注意です。

　そのような人は、そもそも自分が負けるという意識がないため敗訴リスクを認識しておらず、また自分以外の者に責任を転嫁しがちです。

そのため、一たび事件が不利な方向に進みだすと、あなたに批判の矛先が向けられることになりかねません。

　また、相談のときの相談者の話しぶりから、「受任した後に費用の支払いや方針について意見が合わず、後々不本意な形で責任を問われるんじゃないか」と感じられることもあります。

　相手方や勝ち負けのある事件では、依頼者の利益保護のため、あなたは違った立場・意見から依頼者を説得しないといけないこともあり、「ウマが合うかどうか」は、非常に重要な要素になるのです。

　とはいえ、こういったどうしても避けたい事件の場合でも、「私の本能が『この事件は受けるな』と言っています」とは、なかなか言いづらいものです。

　そんなときに使える断り方には、どんなものがあるでしょうか。

(1) 「現在、業務多忙のため、お受けできません」

　比較的、使い勝手の良い断り方です。

　「責任ある処理ができないほど業務過密な状態で、安易に緊急の案件を受けるというのも却って無責任ではないだろうか？」というように、自分も他人も納得させやすい、実にもっともな理屈が備わっています。

　相談者の側も「依頼した以上は、自分の事件を速やかに処理してもらいたい」と考えていますので、「忙しいからできない」と言われるとあきらめざるを得ない気持ちになりやすいのです。

　実際にあなたが業務多忙かどうかは、大きな問題ではありません。重要なのは断り方ではなく、断るべき案件か否かという点です。

(2) 「不慣れで自信を持って処理できないのでお受けできません」

　これも、事案や相談の内容によっては使える断り方です。

　自分が依頼の処理に足るだけの能力を有していないことを自ら認める点で、ある意味潔いといえなくもありません。

　相談者の側も、自分で「とてもできません」と言っている者に、あえて依頼しようとは普通は思わないものです（それでもなお、相談者

が食い下がる場合、依頼の目的自体を疑った方がよいかもしれません）。

ただし、相談内容が単純な貸金請求であったり、軽微な交通事故での物損の請求であったりと、実務家であれば誰でもできるような基本的な案件であった場合には使いにくいという問題があります。

❸ 自分の能力を超える場合は、どうしたらよいか

(1)　知らない事件の恐ろしさを知る

これに対して、相談者や相談内容には格別問題はないけれども、**相談の内容が自分の手には負えないと感じるとき**もあるでしょう。

自分のこれまでの経験上全くなじみがなかったり、見込まれる業務量を一人でこなせそうになかったりということが考えられ、経験の乏しい実務家にとっては、とりわけ恐怖感の大きいパターンです。

「誰にでも『初めて』はあるものだから」「何ごとにも物怖じせずにぶつかっていくことで人は成長できるものだから」といった**綺麗ごとだけでは決して解決できない問題**が、そこにはあります。

法的問題の中には、定められた時間内に一定水準以上の処理を行わないといけないもの、近い将来出来するであろう問題を予測し、それを避けていく処理を求められるものが多くあります。

これは、会社法関係の諸手続や大型倒産処理案件のように、関係者が多く、調整しないといけない利益が相互に複雑に絡み合っている種類の事件に多いのですが、そういった場合「実務書を片手に勉強しつつ、問題が生じるごとにそれに対処する」というやり方では、到底対処できません。**「知らないとアウト」**ということがいくらでもあるのです。

少なくない実務家が異口同音に「知らないことには手を出すもんじゃない」と言うのも、そのような「やる気と情熱だけではいかんともしがたい種類の事件」というのがあることを、経験上知っているからなのですね。

なので、こういった場合にも、本来的な意味で**「現在、業務多忙の**

264

ためお受けできません」「不慣れで自信を持って処理できないのでお受けできません」として依頼を断ることは、恥ずかしいことではありません。

⑵　もうちょっとだけ考えてみる

　その上で、ここで一つ方法として提案したいのは、**実際に経験のある弁護士や司法書士にお願いして、共同で事件を受任してもらうという方法**です。

　これによって、自分の知識や経験の不足を補ってもらいつつ、自分もまた処理に携わることで、その事件処理の知識や経験を身につけていくことができるというものです。

　昨今、法曹人口が激増したことに伴い、適切なオン・ザ・ジョブ・トレーニングを受けられる機会は乏しくなってきましたが、こういった共同受任という形での処理の機会に恵まれるか否かは、日頃からの人付き合いや会務を通じた人間関係がものを言います。

　なお、運よく共同受任してもらえる先輩実務家が見つかった場合でも、あなたが事件処理に提供できるのは、最初はせいぜい時間と労働力程度です。事件処理の知識や経験を得るという実利に着目し、起案や関係者との折衝といった仕事はあなたが一手に引き受け、報酬分配でもある程度先輩に譲るというのが正しい形かもしれませんね。

「どういった事件を断るか」は、「どういった事件を受けるか」よりはるかに重要である。

Column 6　断れない仕事もある!?

　事件を処理する上で、方針を協議したり専門家として意見を述べたりするには、依頼者と受任者の間に信頼関係が不可欠ですし、費用・報酬の支払いもきちんと履行されなければなりません。また、依頼者と受任者とで処理の方針が異なっており、その溝が埋められない場合には、事件を受けても円滑・迅速に処理することはできません。

　そのため、こういった問題がある場合、依頼は断っても問題はありません。ただし、例外的に、仕事を断れない場合というものが法律上定められているため、頭の片隅に置いておくとよいでしょう。

　例えば、司法書士は、正当な事由がある場合でなければ依頼を断ることができません（司法 21 条）。

　もっとも、これには「簡裁訴訟代理等関係業務に関するものを除く。」という注意書きがついており、断れないのは、登記申請手続の代理業務や法務局等に対して行う種々の審査請求手続、公務所等に提出する書類・記録の作成業務（そのための相談業務を含む）といったものに限られます。

　また、弁護士についても、正当の理由がなければ、法令により官公署の委嘱した事項や会則が定める所属弁護士会又は日弁連の指定した事項を行うことを辞することはできない、と定められています（弁護 24 条）。

　このうち「官公署の委嘱事項」には、例えば国選弁護人、国選付添人、司法試験委員会委員、司法研修所教官などがあります。また、「所属弁護士会、日弁連の指定した事項」は、単位会や日弁連の会則で定められた事項をいい、例えば各種委員会の委員や常議員としての業務などが考えられます。

　こういった業務は、その公共的性格が重視され、例外的に拒絶する自由を否定されているのです。非常に限られた場合ではありますが、断れない仕事というものも例外的にあるということを知っておいて下さい。

　忙しいから、興味が無いからといった理由で委員会活動等の会務を安易に断ってはいませんか。これらの業務から得られるものも非常に多いので、これを機に積極的に参加されることをオススメいたします。

事項索引

新版出版が決まるの巻

そろそろいいんじゃないか思いまして。

ある日、法律相談入門の改訂の話が舞い込んできました。

絶版……ですか？

改訂版ですよ

学陽書房　Iさん

改訂版…。でも今から出すとなるとそれなりに手を入れる必要ありますよね。

そうですね、民法も変わりましたし。

法律相談入門を出したのが2016年。当時はまだ改正民法の成立前で、初版の内容も旧法をもとにしていました。

平成二十九年法律第四十四号

「瑕疵担保責任は法定責任だ！」と街中で叫んでもまだ白い目で見られることのない、牧歌的な時代だったのです。

法定責任だ！

今から出すとなると、当然、相続法、債権法の内容は反映する必要があるな。待てよ…、改訂するなら新しく記載を加えることもできるはずだ…。

ボリューム感を決めるの巻

実はいくつか加えたい項目があるんですよね。

またぞろエビの話じゃないですよね？

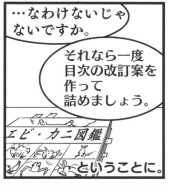

…なわけないじゃないですか。

それなら一度目次の改訂案を作って詰めましょう。

エビ・カニ図鑑

ということに。

〔初〕版を出してから世の中では色々なこと〔が〕ありました。民法改正、新型コロナウ〔イ〕ルス蔓延、東京五輪、そうした事象が〔法〕律相談に与えた影響を浮き彫りにした〔〕と思いました。

※左手が危ない。

また、初版刊行後、本を読んでいただいた方からご意見・ご要望をいただくことも多かったのです。

なんで刑事関係は書いてないんデスか？

ですよね〜。

〔刑〕事事件も相談では普通〔に〕訊かれるから、最低限〔の〕ことは書いておくべき〔だ〕ろうな。

また私自身も日々、法律相談を繰り返していく中で蓄積されたものが多くなっていました。

そうして考えているうちにあれこれ書きたいことは出て来るもので…。

犯罪被害者支援

時効

特別法

セカンドオピニオン

〔〕いません、〔こ〕れ全部載せると〔頁〕数も価格も〔すご〕いことになりますよ。

まずい……まずいな…………………

参考までに、全部載せるとコレくらいにはなります。

ワーオ、当職すら買わない値段！

書く内容を
決定する
の巻

結局、「法律相談の入門書」という
原点に立ち返り、
「若手が法律相談で
備えておくべき知識は何か」
という視点から推敲を重ね
記載内容を厳選しました。

推敲天皇

刑事事件に関しては、被疑者・被告人側の
相談だけでなく、犯罪被害者の相談も少なく
ないため、両方のトピックを取り入れる
必要がありました。
その分、どうしても記載が冗長に
なってしまうところは
箇条書きにするなど端的に情報を
伝えられる形を心がけました。

わかりゃ
いいんだし

そういえば
こんなことも
書いたっけなぁ。

初版の記載にも、今見直すと青臭さが
鼻につく箇所があり、
そうしたところは
45歳という年齢に引き直して、
若干の改変を行いました。

2016年っつったらもう
6年も前になるんだな。

6年っていったら
小学校入ってから
出るまでと同じ
なんだよな。

考えていると、
ここ数年のうちに
世の中に起こった
様々な出来事が
浮かんでは消えて
いきました。

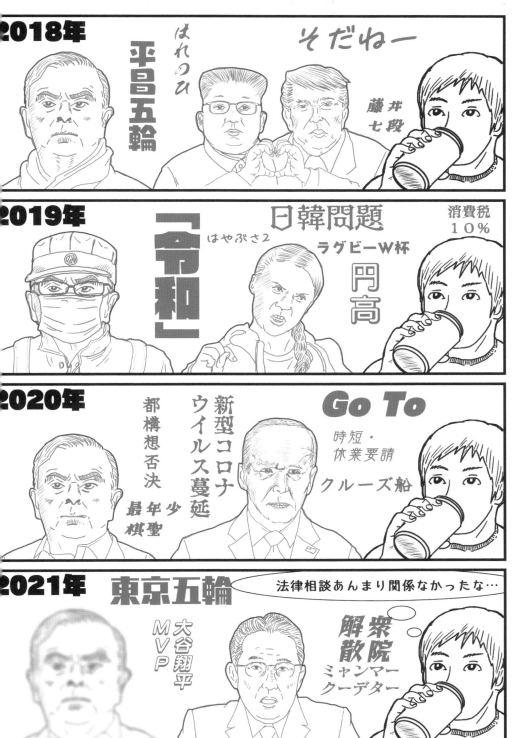

タイトルを
決める
の巻

『改訂版』より
『新版』の方が
売れやすいという
情報があるみたい
です。

マジですか

ならいっそ『海底版』として
エビ釣りの話、一章加え
ますか。仕方ない。

それはちょっと…。

テナガエビは汽水域の川底に
生息しています。川底なので
厳密には海底ではないのです
が、まずは汽水域の定義をき
ちんと確認しておきましょう。

勝手にリード文
作らないでください。

『令和版』なんか
どうでしょう？

えー。

それって令和にはもう次の版が
出ないこと確定みたいじゃないですか。
民訴法改正ももうすぐあるのに。

クン
クン

部屋干し

あ、でも意外と令和って
そんなに長くは…

すみません
その話は
これくらい
しましょう

新版

結局、新たに加えた
内容も多いので
タイトルは『新版』とし、
装丁の方は
6年ぶりということで、
一新してもらう
ことになりました。

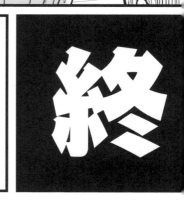

終

法律相談は好きですか？

新版
若手法律家のための
法律相談入門

法律相談の前に知っておきたいこと
法律相談の流れ
法律相談の留意点
刑事事件の法律相談の留意点
受任後の相談・依頼者ケア
依頼を断るとき

■著者紹介

中村　真（なかむら・まこと）

略歴

2000 年	神戸大学法学部卒業
2003 年	弁護士登録
2014 年	神戸大学法科大学院講師（ローヤリング）
2015 年	経済産業省中小企業庁・経営革新党支援機関認定
	神戸簡易裁判所民事調停官（〜 2019 年 9 月）
2018 年	中小企業診断士登録
2020 年	兵庫県弁護士会副会長
2021 年	神戸大学大学院法学研究科　法曹実務教授
	神戸大学大学院法学研究科後期博士課程修了（租税法専攻）

ブログ：「WebLOG 弁護士中村真」（http://nakamuramakoto.blog112.fc2.com/）
ウェブサイト： https://nakamuramakoto.com

主要著書・論文等：『要件事実入門』（マンガ）（創耕舎、2014 年）、『若手法律家のための法律相談入門』（学陽書房、2016 年）、『破産管財 PRACTICE』（編著、民事法研究会、2017 年）、『裁判官！　当職そこが知りたかったのです。—民事訴訟がはかどる本—』（学陽書房、2017 年）、『相続道の歩き方』（清文社、2018 年）、『破産管財 ADVANCED』（編著、民事法研究会、2020 年）、『実務家が陥りやすい　相続人不存在・不在者 財産管理の落とし穴』（編著、新日本法規、2020 年）、『まこつの古今判例集』（清文社、2021 年）、『実務家が陥りやすい　破産管財の落とし穴』（編著、新日本法規、2021 年）、「所得税確定方式の近代及び現代的意義についての一考察—我が国及び豪・英の申告納税制度導入経緯を中心として—」（神戸大学大学院法学研究科博士論文、未刊行、2021 年）

新版　若手法律家のための法律相談入門

2022年 9 月 30 日　初版発行

著　者	中　村　　真
発行者	佐久間重嘉
発行所	学 陽 書 房

〒102-0072　東京都千代田区飯田橋1-9-3
営業　TEL 03-3261-1111　FAX 03-5211-3300
編集　TEL 03-3261-1112　FAX 03-5211-3301
http://www.gakuyo.co.jp/

ブックデザイン／佐藤　博
印刷・製本／加藤文明社